Für Dich

Die Deutsche Nationalbibliothek verzeichnet diese Publikation in der Deutschen Nationalbibliografie; detaillierte bibliografische Daten sind im Internet über www.dnb.de abrufbar.

Ersti-Hilfe – 112 Tipps für Studienanfänger

Studienscheiss UG (haftungsbeschränkt)
Rathausstr. 24 B, 52072 Aachen
kontakt@studienscheiss.de
Geschäftsführer: Tim Reichel
Registergericht: Amtsgericht Aachen
Registernummer: HRB 19105
USt-IdNr.: DE295455486

Erste überarbeitete Auflage, Mai 2018

© 2018 Studienscheiss Verlag, Aachen

ISBN: 978-3-946943-17-4 Print (Softcover)
ISBN: 978-3-946943-18-1 E-Book (PDF)
ISBN: 978-3-946943-19-8 E-Book (EPUB)
ISBN: 978-3-946943-20-4 Audio (Hörbuch)

Layout und Satz: Tim Reichel, Aachen
Umschlaggestaltung: Melanie Schwarz, Aachen
Lektorat: Priya Linke, München
Foto: Sajoscha Blinn, Bottrop
Herstellung: CPI, Ulm
Printed in Germany

www.studienscheiss.de

Ersti-Hilfe

112 Tipps für Studienanfänger

Tim Reichel

Studienscheiss Verlag

Inhalt

Start

Plötzlich Student

Gleich geht es los. Nervös rutschst du auf deinem Sitz hin und her. Bequem ist anders – aber das stört dich nicht. Mit verschwitzten Händen klammerst du dich an deinem Kugelschreiber fest. Auf dem ausgeklappten Holztisch vor dir liegt ein frischer Collegeblock, extra neu gekauft. Das Datum hast du vorsichtshalber schon aufgeschrieben, denn heute überlässt du nichts dem Zufall. Du schaust auf dein Smartphone. In sieben Minuten beginnt sie: deine erste Vorlesung.

Dein erster Tag an der Uni ist ein besonderer Moment in deinem Leben, auf den du lange hingefiebert hast. Bisher kanntest du das Studieren nur von vagen Erzählungen oder aus halblustigen Hollywood-Filmen.

Nun bist du mittendrin – als Hauptdarsteller.

Doch ich habe leider eine schlechte Nachricht für dich: Du bist auf die Zeit an der Uni nicht gut vorbereitet. Eigentlich bist du überhaupt nicht vorbereitet – du wirst ins kalte Wasser geworfen; ins Haifischbecken. Wenn es dir wie den meisten Studenten ergeht, holt dich dein Studium relativ schnell nach der Einschreibung auf den Boden der Tatsachen zurück. Statt lebhaften Debatten mit zerstreuten Professoren und rauschenden Partys wartet der harte Studentenalltag auf dich.

Als Student ändert sich deine Lebensweise von Grund auf. An der Uni musst du dich ganz anders organisieren als in der Schule. Du kannst dich weder darauf verlassen, dass deine Eltern dich morgens pünktlich zum Bus schicken, noch, dass dir irgendjemand den Stoff für die nächste Klausur vorbetet. Du musst erwachsen werden, Verantwortung übernehmen und dich selbstständig um deine täglichen Aufgaben kümmern.

Tust du das nicht, wirst du in den ersten Semestern gnadenlos ausgesiebt, denn die Basics für eine erfolgreiche Unilaufbahn bekommst du nicht in der Schule beigebracht. Du bekommst sie gar nicht beigebracht und musst selbst herausfinden, wie Studieren funktioniert. Und genau an diesem Punkt scheitern Jahr für Jahr tausende Erstsemester. Jeder dritte Studienanfänger bricht sein Studium ab – die meisten davon bereits während der ersten zwei Semester.

Nicht, weil sie dumm oder faul sind. Sie wissen einfach nicht, wie man studiert. Niemand hat ihnen gezeigt, wie ein Studium funktioniert und ihnen die grundlegenden Methoden für selbstständiges Arbeiten vermittelt. Und: Von deiner Hochschule bekommst du ebenfalls keine Infos dazu – jedenfalls nicht in dem Maß, das dir weiterhelfen würde.

Du bist auf dich allein gestellt.

Doch das ändert sich jetzt.

Dein Ersti-Hilfe-Kasten

Viele Erstis beginnen ihr Studium in dem Glauben, dass die Sache schon irgendwie laufen wird. Nur leider wird sie das nicht. Selbst dann, wenn du gut in der Schule warst und ein tolles Abitur in der Tasche hast, bedeutet das nicht, dass du auch erfolgreich studieren kannst. Wenn du dein Studium nicht ernst nimmst und professionell angehst, wirst du schneller scheitern, als du „Exmatrikulation" sagen kannst.

Damit meine ich nicht, dass du ab sofort zu einem übernatürlichen Superstudenten mutieren musst, der keine Vorlesung verpasst, jede freie Minute am Schreibtisch sitzt und seine Freunde vernachlässigt. Nein, die Botschaft ist: Beim Studieren musst du strategisch vorgehen. Du brauchst ein cleveres Konzept und darfst dich während deiner Anfangszeit nicht einfach treiben lassen.

Damit dir das gelingt, habe ich dieses Buch geschrieben.

Ich habe eine Sammlung an Tipps für dich zusammengestellt, die sich besonders an Studienanfänger (Erstis), aber auch an fortgeschrittene Studenten richtet und nur ein Ziel verfolgt: dein Studium zu verbessern – und zwar sofort. Nicht mit viel Theorie-Blabla, sondern mit praxiserprobten Methoden, die du direkt anwenden kannst. Kleine Alltagstipps mit großer Wirkung, die dein Studium auf die richtige Bahn lenken oder als Sofortmaßnahme dazu beitragen, das Ruder herumzureißen, falls du schon vom Weg abgekommen bist. Doch warum solltest du mir glauben?

Nun, seit sechs Jahren arbeite ich an einer großen deutschen Universität (RWTH Aachen) als Fachstudienberater und coache täglich Studenten. Ich kenne ihre Probleme und weiß, wie man sie löst. Über die letzten Jahre habe ich unzählige Gespräche mit angehenden Akademikern geführt, sie aufgebaut und zu Bestleistungen motiviert. Die deutsche Hochschullandschaft und die Mechanismen, auf denen Studienerfolg beruht, kenne ich in- und auswendig.

Mit meinem Studienscheiss-Blog und meinen Büchern helfe ich tausenden Studenten dabei, glücklich und erfolgreich zu studieren. Und: Ich habe selbst studiert und weiß, wie hart und verwirrend die Zeit an der Uni sein kann.

Ich weiß, wie Studieren funktioniert – und in diesem Buch zeige ich dir, wie du deinen Studienbeginn möglichst stressfrei und erfolgreich auf die Reihe bekommst. Denn nur mit einem soliden Start legst du die Basis für eine vielversprechende Unilaufbahn und läutest optimal eine der spannendsten Phasen deines Lebens ein.

Egal, ob du schon länger studierst oder gerade erst mit deinem Studium anfängst: Als Student bist du für dich selbst verantwortlich. Du allein hast dein Studium in der Hand und kannst bestimmen, wo deine Reise hingehen soll. Der Inhalt dieses Buches soll dir dabei als Grundlage dienen und in stürmischen Zeiten den Rücken freihalten. Vor dir liegt dein Ersti-Hilfe-Kasten, der dir bei Problemen zur Seite steht und als vorbeugende Maßnahme eingesetzt werden kann, damit du gar nicht erst ins Straucheln gerätst.

Erst wenn du eigenverantwortlich handelst und dein Leben aktiv gestaltest, wird aus dir ein echter Student. Dann fühlst du dich frei und unabhängig; dann macht Studieren Spaß. Und: Erst dann wirst du dein volles Entwicklungspotenzial freisetzen und über dich hinauswachsen.

In diesem Buch zeige ich dir, wie du das schaffst.

Wie dir dieses Buch helfen wird

Der Beginn eines neuen Studiums ist immer etwas holprig. Das ist ganz normal und muss auch ein Stück weit so sein. Du musst deine eigenen Erfahrungen sammeln und dich mit einer völlig neuen Situation auseinandersetzen. Unsicherheit gehört zu diesem Prozess dazu. Doch es liegt an dir, möglichst früh die Kontrolle zu übernehmen und die Weichen auf Erfolg zu stellen. Es ist deine Entscheidung, ob du erst einmal abwartest und schaust, wie sich die Dinge entwickeln, oder ob du dein Studium von Beginn an nach deinen eigenen Wünschen und Vorlieben gestaltest.

Wenn du dich für letztere Variante entscheidest, liefert dir dieses Buch alles, was du für einen erfolgreichen Studienanfang brauchst. Ich habe 112 Tipps für dich zusammengestellt, die dir das Studieren erleichtern und den Weg in ein glückliches und zufriedenes Studentenleben zeigen. Es sind bewährte Erfolgsrezepte, die schon tausenden Studenten geholfen haben – und auch dir helfen werden. In diesem Buch habe ich die Essenz meiner täglichen Arbeit für dich zusammengefasst. Es ist ein Best-of meiner Blogartikel und die Crème de la Crème meiner Coaching-Inhalte. Es gibt keine theoretische Einführung oder großes wissenschaftliches Tamtam. Ich zeige dir 112 konkrete Maßnahmen, die du sofort umsetzen kannst – ohne Vorwissen oder Eingewöhnungszeit.

Doch ich muss dich warnen: Wenn du dieses Buch nur liest und anschließend gemütlich die Hände in den Schoß legst, wird nicht viel passieren. Gar nichts, um genau zu sein. Die Tipps aus diesem Buch funktionieren nur, wenn du selbst aktiv wirst. Du musst handeln und das Gelesene in die Tat umsetzen. Einen 1-A-Studienstart gibt es nämlich nicht zum Nulltarif – du musst etwas dafür tun. Den Weg dorthin habe ich dir allerdings so einfach wie möglich gemacht.

Die 112 Tipps sind so strukturiert und thematisch geordnet, dass sie zusammen ihre größte positive Wirkung für dich entfalten können. Das sind die zwölf Ersti-Hilfe-Kategorien:

- ➕ Einstellung
- ➕ Studienplanung
- ➕ Organisation
- ➕ Zeitmanagement
- ➕ Lernen
- ➕ Prüfungen
- ➕ Bürokratie
- ➕ Ressourcen
- ➕ Studentenmythen
- ➕ Gewohnheiten
- ➕ Motivation
- ➕ Entwicklung

Damit das Ganze nicht zu trocken wird, bekommst du bei jeder Gelegenheit Beispiele aus dem Unialltag und Best-Practice-Anleitungen, die dir sofort weiterhelfen. Außerdem folgt nach jedem Tipp eine kleine Aufgabe – ein „To-do" – für dich, damit du die neuen Methoden direkt ausprobieren und anwenden kannst.

Zudem erhältst du nach jedem Kapitel eine Checkliste, die die Kerngedanken der vorausgehenden Tipps zusammenfasst und dich dabei unterstützt, die Aufgaben auch wirklich zu erledigen. Für vertiefende Informationen habe ich zu jedem wichtigen Thema einen ausführlichen Artikel aus meinem Blog herausgesucht, der dir weitere Hilfestellungen und Anregungen geben wird. Eine entsprechende Übersicht findest du ebenfalls am Ende jeder Kategorie.

Generell habe ich versucht, lange Umschreibungen und überladene Textpassagen wegzulassen. So etwas ist langweilig und bremst nur deinen Lesefluss. Stattdessen habe ich mich auf das Wesentliche konzentriert und die wichtigsten Aspekte kurz und knapp dargestellt. So kannst du direkt loslegen und dieses Buch optimal nutzen.

Eine Sache noch: Die Tipps in diesem Buch sind nach einer festen Logik geordnet. Das heißt aber nicht, dass du sie zwingend in dieser Reihenfolge lesen, bearbeiten und umsetzen musst. Du hast die Wahl: Entweder gehst du das Buch chronologisch durch oder wählst zufällig das nächste Kapitel aus und entscheidest nach Bedarf. Meine Empfehlung: Überfliege das Buch zuerst, blättere es durch, verschaffe dir einen Überblick, teste einige Aufgaben und entscheide dann, ob du dich frei bewegen oder lieber dem Inhaltsverzeichnis folgen möchtest. Beide Wege sind gut und führen zum Ziel.

Zusätzlich zu den 112 Tipps habe ich einige Bonus-Inhalte für dich zusammengestellt, die dir die Arbeit mit diesem Buch erleichtern werden. Diese Sammlung enthält Zusatzinformationen, unterstützendes Material und eine feine Überraschung, die du dir nicht entgehen lassen solltest. Auf der letzten Seite in diesem Buch findest du einen Link, über den du an diese Inhalte kommst. Du gelangst dort auf meine Website und kannst dich für noch mehr Ersti-Hilfe anmelden – natürlich kostenlos.

Wenn du die Ersti-Hilfe-Tipps beherzigst und anwendest, kann dir im Studium nicht viel passieren. Es ist deine Komplettlösung für einen hervorragenden Studienstart und dein Garant für eine großartige Zukunft.

Und jetzt: Lass uns anfangen.

Einstellung

#1 Nimm dein Studium ernst!

Wenn du erfolgreich und zufrieden studieren möchtest, musst du – besonders am Anfang – einen ganzen Batzen Zeit und Energie in deinen neuen Lebensabschnitt investieren. Du musst dein Studium ernst nehmen und dich voll und ganz darauf einlassen. Denn: Hauptsächlich deine Einstellung entscheidet über deinen Studienerfolg und bildet die Grundlage für ein erfülltes Studentenleben. Nur, wenn du deiner neuen Herausforderung mit der richtigen inneren Haltung begegnest, kannst du deine Zeit an der Uni optimal gestalten. Natürlich wird es zwischendurch nervig sein, wenn dich der harte Unialltag in Beschlag nimmt, aber letztendlich tust du genau das, was du tun möchtest: studieren. Du möchtest etwas lernen. Du möchtest diesen Abschluss. Und nur weil einige kleine Schritte auf dem Weg zu deinem großen Ziel unbequem sind, heißt das nicht, dass du rumjammern oder aufgeben darfst. Dass es nicht leicht werden würde, wusstest du vorher – aber du bist stark genug, es trotzdem zu schaffen.

Jedes Mal, wenn es beim Studieren besonders stressig oder ungemütlich wird, darfst du nicht vergessen, dass du dich bewusst für dein Studium entschieden hast. Vielleicht wusstest du nicht zu 100 Prozent, was auf dich zukommt, aber du hast das Privileg, dass du dir selbst aussuchen kannst, wie du dein Leben gestaltest. Niemand zwingt dich dazu, zu studieren. Du führst ein selbstbestimmtes Leben und darfst frei entscheiden, wie du deine Zeit einteilst. Mit sämtlichen Vorzügen, aber auch allen Konsequenzen.

☆ **To-do**

- ✔ Nimm dein Studium ernst und mach dir klar, dass du genau das tust, was du tun möchtest!

#2 Sieh dein Studium als Beruf!

Für ein erfüllendes Studium, das dich inhaltlich bereichern und zu deiner persönlichen Entwicklung beitragen soll, musst du Zeit investieren. Und diese Zeit wird an anderen Stellen in deinem Leben fehlen. Dein Studium ist kein Hobby, dem du dich nur dann widmen kannst, wenn dir danach ist. Es ist kein Lückenfüller, nichts für nebenbei. Wenn du schon studierst, dann mach es richtig, sonst ist jede Minute davon Zeitverschwendung – und die kann sich kein Mensch leisten. Räume deinem Studium deshalb einen bedeutsamen Stellenwert in deinem Leben ein und sieh es als Beruf. Dein Studium ist dein eigenes Projekt mit großem Potenzial und keinem geringeren Ziel, als dein Leben nachhaltig zu verbessern.

Locker in der Freizeit zu studieren und im Vorbeigehen gute Noten abzustauben funktioniert nicht. Bei besonders leichten Fächern und entspannten Prüfern kannst du vielleicht damit Erfolg haben, aber in Summe wirst du auf diesem Weg nie zu einem erfolgreichen Studenten werden. Gehe die Sache professionell an und nimm dein Studium ernst. Lass dich deshalb auf ein kleines Experiment ein und werde zu einem Berufsstudenten. Bringe Seriosität in dein Studentenleben und gehe deine Verpflichtungen entschlossen an. Du musst dabei nicht zum Spießer mutieren, aber hör auf, dich wie ein Amateur zu verhalten. Die Verantwortung für dich und deine Unternehmung „Studium" trägst du selbst. Es liegt in deiner Hand, wann du aufstehst, mit dem Lernen anfängst und ob du zur Vorlesung gehst. Du entscheidest, welche Partys du besuchst und wie viel du dort trinkst. Achte bei jeder Aktion darauf, dass du dein Studium vorwärts bringst.

☆ To-do

- ✔ Sieh dein Studium nicht als nette Freizeitbeschäftigung für zwischendurch an, sondern als Beruf!

#3 Denke langfristig!

Normalerweise bist du es gewohnt, ständig Feedback zu deinen Leistungen zu bekommen: regelmäßige Klassenarbeiten, kleine Tests, Hausaufgaben und Noten für die mündliche Mitarbeit. An der Uni gibt es all das nicht mehr; meistens jedenfalls. Deinen Professoren ist es egal, ob du den Stoff kontinuierlich nacharbeitest; es gibt keine Tests zwischendurch und du bekommst auch kein Halbjahreszeugnis. Die Klausuren finden am Semesterende in der vorlesungsfreien Zeit statt und du erhältst erst am Ende deines Studiums eine Bescheinigung über deinen gesamten Werdegang. Das bedeutet für dich: Denke langfristig und kontrolliere dich selbst. Wenn du studierst, musst du das große Ganze im Blick behalten. Denke nicht von Klausur zu Klausur, sondern betrachte dein Studium als ganzheitliches Projekt, das langfristig erfolgreich sein soll. Gib dich nicht damit zufrieden, kurzfristig gute Noten zu schreiben, sondern stelle deine persönliche Entwicklung und die Förderung deiner methodischen Arbeitsweise in den Mittelpunkt.

Während der Schulzeit musstest du diese Perspektive eher selten einnehmen – im Studium ist sie hingegen unverzichtbar. Zwar gibt es auch an der Uni ein vorgefertigtes Ziel (deinen Abschluss), aber anders als in der Schule hängt es fast ausschließlich von dir ab, in welcher Zeit und mit welchen Maßnahmen du dieses erreichst. Plane deswegen langfristig deinen Weg und passe ihn an deine Bedürfnisse an. Nur mit Hilfe einer nachhaltigen Denkweise kannst du selbstbestimmt und erfolgreich studieren.

☆ **To-do**

✔ Verabschiede dich von (ausschließlich) kurzfristigen Zielen und denke stattdessen langfristig!

#4 Erschaffe eine eigene Vision!

Viele Studenten verschwenden Zeit und Energie beim Studieren. Sie quälen sich durch Vorlesungen, die sie nicht interessieren, schieben alles bis zur letzten Minute auf und erledigen nur das Nötigste für ihr Studium, um am Ende mit einer halbwegs passablen Note abzuschließen. Diese Studenten haben alle etwas gemeinsam, denn ihnen fehlt etwas: eine Vision. Eine Vision ist ein übergeordnetes Ziel für dein Studium. Sie ist eine motivierende Vorstellung, die dich an die Hand nimmt und durch schwierige Zeiten führt. Oder etwas anschaulicher: Eine Vision ist mit dem Polarstern vergleichbar. Die Karawane in der Wüste, deren Landschaftsbild sich in den Sandstürmen immer wieder verändert, richtet ihre Reise an den Leitbildern des Sternenhimmels aus. Die Sterne sind nicht das Ziel der Reise, sie sind allerdings eine sichtbare Orientierung für den Weg in die Oase, ganz gleich aus welcher Richtung die Karawane diese anstrebt und mit welcher Ausstattung die Reisenden unterwegs sind.

Auch beim Studieren brauchst du eine Vision, der du wie dem Polarstern folgen kannst. Der Stern ist nicht das Ziel, gibt jedoch die Richtung an, in die du dein Denken, Handeln und Fühlen lenken solltest. Deine Vision drückt aus, wo du in Zukunft stehen möchtest und zeigt dir, was du tun musst, um glücklich zu werden. Dazu musst du dir Gedanken über deine Werte und grundlegenden Einstellungen machen. Folgende Fragen helfen dir dabei: Wo stehe ich? Was ist mein Ziel? Wann möchte ich es erreichen? Wie und warum möchte ich es erreichen?

☆ To-do

✔ Erschaffe eine Vision für dein Studium und beantworte die Fragen von oben!

#5 Belüge dich nicht selbst!

„Eigentlich wollte ich ja zur Vorlesung gehen. Aber eben ist mir ein Haar ausgefallen. Das ist mir jetzt zu heikel. Gesundheit geht vor!" So oder so ähnlich belügen sich täglich tausende Studenten selbst. Sie erfinden Ausreden, damit sie nichts für ihr Studium tun müssen und stattdessen gemütlich die Beine hochlegen können. Sie machen sich etwas vor und stehen sich und einem glücklichen Studentenleben selbst im Weg. Irgendetwas findet sich immer, wenn es um Arbeitsvermeidung geht, denn das Repertoire an Ausreden ist bei vielen Studenten umfangreicher als das Literaturverzeichnis des Profs. Doch du bist deinen Ausreden nicht schutzlos ausgeliefert – du kannst etwas tun.

Ausreden sind eine ganz natürliche Funktion der menschlichen Psyche: Sie beschützen dich vor unangenehmen Veränderungen. Das Problem ist nur, dass sich diese in der Regel nur kurzfristig schlecht anfühlen – im Anschluss erzeugen sie einen positiven, nachhaltigen Effekt und sorgen dafür, dass du deinen Zielen ein großes Stück näherkommst. Deswegen darfst du nicht auf deine Ausreden hereinfallen. Schenke ihnen keinen Glauben und lasse dich nicht dazu verleiten, deine Arbeit zu vernachlässigen. Am einfachsten gelingt dir das, indem du dir deine Ausreden bewusst machst und in einer Liste sammelst. Analysiere deine Ausflüchte und führe sie dir objektiv vor Augen. So wirst du feststellen, wie lächerlich und haltlos sie eigentlich sind – und damit verlieren sie beim nächsten Störmanöver ihre Wirkungskraft.

☆ **To-do**
  ✔ Sammle deine drei häufigsten Ausreden auf einer Liste und belüge dich nie wieder selbst!

#6 Mach dir klar, dass du Opfer bringen musst!

Kurz nach der Einschreibung kommt bei vielen Studenten die Ernüchterung. Sie beginnen ein Studium mit ihren eigenen Vorstellungen und gehen davon aus, dass die Sache schon laufen wird. Aber das wird sie nicht. Hohe Erwartungen und eine anstrengende Anfangsphase zerstören die erdachte Hochschulromantik genauso schnell, wie sie entstanden ist. Schon nach dem ersten Semester ist klar: Geschenkt gibt es an der Uni nichts. Gar nichts. Falls du zu den Studenten gehörst, die das Beste aus ihrem Studium machen wollen und bereit bist, hart dafür zu arbeiten und über dich hinauszuwachsen, wirst du zwangsläufig Opfer bringen müssen.

Damit ist nicht gemeint, dass du eine jungfräuliche Ziege in den nächsten Vulkan werfen sollst, sondern vielmehr persönliche Opfer, die auf deine täglichen Gewohnheiten abzielen: wenig Freizeit, Schlafmangel, Überforderung, Prüfungsstress, geringe finanzielle Mittel, weniger Zeit für Hobbys, kaum Urlaub und so weiter. Doch bei all den Opfern, die du für ein ausgefülltes und erfolgreiches Studium bringen musst, darfst du eine wichtige Sache nicht vergessen: Studieren ist toll. Ja, es ist anstrengend. Und ja, du wirst die Zähne zusammenbeißen und dich durchkämpfen müssen; aber wenn du dein Studium richtig angehst und dir darüber klar wirst, dass du Energie und Zeit investieren musst, hast du die größte Hürde bereits überwunden: die Schranke in deinem Kopf.

☆ **To-do**

  ✔ Mach dir klar, dass du für ein erfolgreiches Studium Opfer bringen musst und ein erfülltes Studentenleben keine Selbstverständlichkeit ist!

#7 Lege dir ein optimistisches Mindset zu!

Bei besonders komplexen Aufgaben oder in stressigen Situationen neigen viele Studenten dazu, sich die aktuelle Lage schlecht zu denken. Sie legen ihren Fokus auf mögliche Schwierigkeiten und konzentrieren sich auf potenzielle Probleme, obwohl sie noch gar nicht richtig angefangen haben. Sie malen sich aus, was alles schiefgehen kann und warum sie am Ende scheitern werden – und genau aus diesem Grund werden sie niemals ihre Ziele erreichen. Nicht nur im Studium gilt: Selbstvertrauen kann Berge versetzen! Bei Problemen oder neuen Herausforderungen sind immer die Menschen im Vorteil, die sich auf ihre Stärken besinnen und optimistisch zur Sache gehen. Denn nur, wenn du selbst an dich glaubst, kannst du dein gesamtes Potenzial abrufen.

Gewöhne dir deswegen an, die Dinge positiv zu sehen. Wenn du deine Aufgaben im Studium mit Selbstvertrauen und einer optimistischen Einstellung anpackst, wird dir die Arbeit leichter fallen. Lass dich nicht mehr von negativen Gedanken ablenken und höre auf, dich selbst zu limitieren. Anstatt dich auf die schlechten Seiten zu konzentrieren und darüber nachzudenken, wo deine Schwächen liegen, drehe den Spieß einfach um: Mach dir bewusst, warum du etwas besonders gut kannst. Nimm dir etwas zu schreiben und notiere Gründe, warum du deine Aufgabe schaffen wirst. Dadurch siehst du deine Lage deutlich positiver, entwickelst ein optimistisches Selbstbild und kannst entschlossen mit deinen Aufgaben beginnen.

☆ **To-do**

- ✔ Wähle eine Aufgabe aus und finde drei konkrete Gründe, warum du sie erfolgreich abschließen wirst!

#8 Übernimm Verantwortung für dein Handeln!

Sobald du dein Studium aufgenommen hast, gibt es keine Eltern oder Lehrer mehr, die wechselseitig die Verantwortung für deine Leistung übernehmen. Alles, was du tust oder nicht tust, fällt nur noch auf eine Person zurück: dich selbst. Kein Professor wird einen Elternsprechtag einberufen und deinen Eltern mitteilen, dass du nicht ordentlich für die Klausur gelernt hast oder nicht in der Vorlesung warst. Niemand wird sich ungefragt anbieten, dir bei der Nachbereitung des Lernstoffs zu helfen. Das ist nun ganz allein dein Bier – es ist gleichermaßen Risiko und Chance. Und deshalb musst du Verantwortung für dein Handeln übernehmen.

Denke an deine Ziele, arbeite an dir, setze sinnvolle Prioritäten und stehe zu deinen Entscheidungen. Nur, wenn du die Verantwortung für dich selbst übernimmst, wirst du erfolgreich und glücklich durchs Studium gehen. Du musst eine gewisse Selbstdisziplin aufbringen und darfst dich nicht hängen lassen. Sorge für einen geregelten Tagesablauf, kümmere dich um einen geordneten Alltag und behalte dein Studium im Blick. Dabei wirst du ständig mit neuen Entscheidungsmöglichkeiten konfrontiert werden, die dich herausfordern. Diese Abzweigungen sind deine Chance – erinnere dich an deine Vision und triff eine kluge Wahl. Dabei kann es durchaus vorkommen, dass sich deine Zielsetzungen im Laufe des Studiums ändern, weil sich deine Interessen verschieben oder du andere Prioritäten setzt. Doch das ist nicht schlimm, sondern vielmehr das Schöne an deiner neu gewonnenen Freiheit!

☆ To-do

- ✔ Mach dir klar, dass du für dein Handeln selbst verantwortlich bist und dein Studienerfolg nur von dir abhängt!

#9 Suche dir ein Vorbild!

Seitdem es uns Menschen gibt, suchen wir nach Sinn und Orientierung. Wir sehnen uns nach Stützpfeilern im Leben und wünschen uns Vorbilder, an denen wir unser Handeln ausrichten können. Dabei stoßen wir unweigerlich auf andere Menschen. Starke Persönlichkeiten können inspirieren – und: Starke Persönlichkeiten lassen sich inspirieren. Umgib dich daher regelmäßig mit gut organisierten Kommilitonen oder Freunden, die ihre Studienplanung fest im Griff haben. Nutze sie nicht aus, aber schaue dir ihre Strategien an und orientiere dich an ihrer Vorgehensweise. Wie sieht ihr Stundenplan aus? Wann melden sie sich für ihre Prüfungen an? Welche Vorlesungen besuchen sie? Und wann starten sie die Klausurvorbereitung? Das alles ist natürlich kein Muss – es ist nur eine Orientierungshilfe.

Es geht dabei nicht darum, dass du versuchst, andere Menschen zu kopieren. Vielmehr handelt es sich um eine Hilfestellung für deine aktuelle Lage oder konkrete Hürden in deinem Alltag. Vorbilder helfen dir dabei, deinen Horizont zu erweitern und zeigen dir neue Perspektiven in schwierigen Situationen. Von einem persönlichen Idol kannst du dir Lösungsansätze abschauen, die dir selbst vielleicht gar nicht einfallen würden. Frage dich daher: Wenn es einen Menschen auf dieser Welt gäbe, dem du gerne nacheifern würdest – wer wäre das? Und was würde dieser Mensch an deiner Stelle in genau der jetzigen Situation tun?

☆ **To-do**

✔ Suche dir ein Vorbild, dem du nacheifern kannst und schaue dir einige Erfolgskonzepte dieser Person ab!

#10 Lebe im Hier und Jetzt!

Heute war nicht dein Tag, aber morgen wird alles besser. Morgen packst du deine Aufgaben endlich an und startest voll durch. Richtig? Falsch. Morgen wirst du genauso wenig erreichen wie heute. Und weißt du auch warum? Weil du deine Verantwortung ein weiteres Mal abgeben und deine Arbeit erneut aufschieben wirst. Wenn du einmal damit beginnst, wichtige Dinge unerledigt zu lassen, obwohl du sie jetzt abhaken könntest, leitest du eine gefährliche Entwicklung ein: Dein Gehirn geht ab sofort davon aus, dass es mit dieser Masche häufiger durchkommt – und das bricht dir langfristig das Genick. Wenn du dir selbst einredest, dass morgen ein schönerer, produktiverer oder besserer Tag wird und dies als Grund dafür nimmst, untätig zu bleiben, etablierst du eine der heimtückischsten Ausreden, mit denen Studenten zu kämpfen haben. Du schaffst eine Grundlage, mit der du dich jeden Tag aufs Neue selbst betrügen kannst. Und deshalb musst du dieses Zukunfts-Mindset sofort ändern.

Lebe im Hier und Jetzt: Gehe niemals davon aus, dass deine Arbeit morgen besser laufen wird als heute. Erstens weißt du es nicht und zweitens ist die Wahrscheinlichkeit viel höher, dass du morgen noch unmotivierter sein wirst, da du dich über das Aufschieben in der Vergangenheit ärgerst. Erledige heute, was heute zu tun ist. Zwinge dich dazu, morgen als Alternative zu vergessen. Nur heute zählt. Denn so hältst du deinem Zukunfts-Ich den Rücken frei und kannst morgen die Erfolge von heute genießen oder einen weiteren Schritt in die Richtung deiner Ziele gehen.

☆ **To-do**

    ✔ Gewöhne dir ab, wichtige Aufgaben auf morgen zu verschieben! Du lebst im Hier und Jetzt – also handle heute!

💡 Lesetipps

- ✔ 10 Dinge, die du nicht in der Schule gelernt hast, aber für ein erfolgreiches Studium brauchst:
  www.studienscheiss.de/schule-erfolgreiches-studium/

- ✔ Juhu, es ist Montag: 7 Gründe, dein Studium zu lieben:
  www.studienscheiss.de/montag-studium-lieben/

- ✔ Warum du eine Vision für dein Studium brauchst und wie du sie findest:
  www.studienscheiss.de/vision-studium/

- ✔ 7 Opfer, die jeder Student bringen muss und wieso das völlig okay ist:
  www.studienscheiss.de/student-opfer-bringen/

- ✔ 13 starke Glaubenssätze, die dich beim Studieren weiterbringen:
  www.studienscheiss.de/glaubenssaetze-studieren-weiterbringen/

- ✔ Danke für nichts: Die 10 schlimmsten Ratschläge, die du während deines Studiums bekommen kannst:
  www.studienscheiss.de/schlimmste-ratschlaege-studium/

☑ Checkliste

☐ Wichtigkeit der richtigen Einstellung erkannt

☐ Studium als Beruf anerkannt

☐ Langfristige Denkweise etabliert

☐ Vision aufgestellt

☐ Drei Ausreden gesammelt und abgeschafft

☐ Mögliche Opfer akzeptiert

☐ Drei optimistische Gründe festgelegt

☐ Eigenverantwortung in den Fokus gerückt

☐ Vorbild gefunden und nachgeeifert

☐ Wichtige Aufgaben heute erledigt

✎ Notizen

Studienplanung

#11 Plane dein Studium!

Hast du immer einen Plan im Kopf oder bist du jemand, der gerne in den Tag hineinlebt und die Dinge auch einmal auf sich zukommen lässt? Beides ist völlig okay. Im Studium kann planloses Verhalten und orientierungsloses Rumstudieren allerdings größere Probleme verursachen, als du vielleicht denkst. Ohne einen generellen Plan verpasst du schöne Gelegenheiten, bekommst zu wenig von deinem Studium mit und bleibst oft unter deinen Möglichkeiten. Das heißt konkret: Du übersiehst interessante Fächer, verpasst wichtige Semestertermine und springst später chaotisch von Prüfung zu Prüfung. Natürlich hast du jedes Mal viel zu wenig Zeit zum Lernen. Das Auslandssemester in Südamerika wolltest du auch schon längst organisiert haben, aber du hattest es irgendwie nicht mehr auf dem Schirm. Dumm gelaufen, oder? Nein, schlecht geplant!

Lege dir deswegen zum Studienstart einen Plan für deine Zeit an der Uni zurecht, schreibe deine Ziele auf und versuche die wichtigsten Stationen im Vorfeld zu planen – zumindest grob. Durchdenke dein Studium und studiere nicht orientierungslos vor dich hin. Mit einem Plan bestimmst du deinen Studienverlauf selbst und kannst deine Freiheiten als Student viel besser nutzen! Ohne Plan lebst und studierst du einfach vor dich hin. Das Problem dabei ist: Irgendwann verlierst du die Kontrolle. Du rettest dich dann nur noch von Deadline zu Deadline, verpasst einen wichtigen Termin nach dem anderen und bekommst schlechte Noten. Deswegen brauchst du einen roten Faden, der dich locker aber zielgerichtet durch dein Studium führt und dir das tägliche Arbeiten erleichtert.

☆ To-do

- ✔ Plane dein Studium und gestalte deine Zukunft selbst – lass dich nicht einfach treiben!

#12 Behalte den Überblick!

Dein Studium ist eines der größten Projekte deines Lebens. Es ist eine Mammut-Aufgabe und erfordert deine volle Energie. Täglich prasseln neue Aufgaben und Herausforderungen auf dich ein. Doch besonders dann, wenn du dich überfordert fühlst, darfst du nicht die Übersicht verlieren. Denn wenn du dein Studium etwas genauer unter die Lupe nimmst, ist es nichts anderes als eine Ansammlung vieler, kleiner, miteinander verknüpfter Aufgaben. Diese Fülle an Einzelschritten sieht auf den ersten Blick wie eine furchtbar große Hürde aus; ein Aufgabenberg, den du in deiner Vorstellung niemals erklimmen kannst. Du wirst förmlich erschlagen von deinen Vorlesungen, Prüfungen und Studienarbeiten und verlierst in diesem Gewirr an Verpflichtungen die Orientierung. Und dann die Kontrolle. Deshalb musst du dir in anstrengenden Phasen einen genauen Überblick über deine aktuelle Lage verschaffen und dich orientieren. Ansonsten verzettelst du dich.

Sammle in einem ersten Schritt alle relevanten Aufgaben und Termine auf einer Liste und bringe im Anschluss Struktur und Ordnung in diesen bunten Haufen. Teile die Aufgaben und das angesammelte Material in Oberkategorien ein (Studium, Freizeit, und so weiter) und verschaffe dir einen groben Überblick. Danach streichst du unwichtigen Kram raus und vergibst Prioritäten. Letztendlich verfeinerst du deine Sortierung, definierst Unterkategorien und bringst deinen Input in eine chronologische Reihenfolge.

☆ To-do

- ✔ Verschaffe dir einen Überblick über alle Aufgaben und Projekte, die im Rahmen deines Studiums auf dich zukommen und erstelle einen Plan für die nächste Woche, den nächsten Monat und das nächste Semester!

#13 Plane schriftlich!

Pläne sind wie Ziele: Sie funktionieren nicht, wenn du sie nur im Kopf hast. Du musst schriftlich planen und alle Ideen, Konzepte und Maßnahmen für deine Zukunft aufschreiben. Erst auf Papier werden aus deinen Ideen übersichtliche Listen, die du verinnerlichen und abarbeiten kannst. Ohne schriftliche Planung verlierst du hingegen schnell die Übersicht, vergisst wichtige Zwischenschritte und kommst durcheinander. Ein schriftlicher Plan spornt dich an und ist verbindlicher als der einfache Gedanke an eine Aufgabe. Wenn du deine Pläne aufschreibst, wirst du sie viel eher in die Tat umsetzen.

Gewöhne dir daher an, deine Pläne aufzuschreiben; ganz klassisch auf Papier. Das mag zwar nur ein kleiner Schritt sein – er hat allerdings großen Einfluss auf deine Erfolgsaussichten. Es ist jetzt kein verschwommener Wunsch oder irgendeine Fantasievorstellung mehr, sondern ein verbindliches Ziel. Dein Ziel. Es ist wie eine offizielle Vereinbarung mit dir selbst. Die Wahrscheinlichkeit, dass du diese Abmachung einhältst, ist viel größer als bei einer spontanen Idee, die nur in deinem Kopf herumschwirrt. Aber: Deine Pläne dürfen niemals statisch sein und dich einengen. Damit würdest du dich nur selbst unter Druck setzen und blockieren. Plane immer flexibel und reagiere auf unerwartete Ereignisse oder neue Rahmenbedingungen. Es gibt nichts Schlimmeres als einen veralteten Plan, von dem du schon direkt weißt, dass er dich nicht weiterbringen wird. Dein Planungsprozess muss sich dynamisch an dein Leben anpassen und dir trotzdem Halt und Orientierung geben.

☆ To-do

✔ Erstelle einen schriftlichen Plan und halte deine Aufgaben für die nächste Woche fest!

#14 Nutze die 10/90-Regel!

Pläne helfen dir nicht nur dabei fokussierter und zielgerichteter zu studieren – du kannst zudem unglaublich viel Zeit sparen. Der Grund dafür ist die 10/90-Regel. Sie besagt: Durch die ersten zehn Prozent der Zeit, die du für deine Planung aufwendest, sparst du ganze neunzig Prozent, die du brauchst, um die geplante Aufgabe zu erledigen. Mit einem kleinen Mehraufwand an Organisation benötigst du also deutlich weniger Zeit für die eigentliche Fertigstellung der Aufgabe. Trotz zusätzlicher Planungszeit bist du schneller mit allem fertig, da du die Aufgabe – dank deiner Struktur – effizienter durchführen kannst. Übertragen auf dein Studium heißt das: Wenn du deine nächste Lerneinheit kurz planst, sparst du mindestens 90 Prozent der eigentlichen Lernzeit, weil du strukturierter vorgehst und genau weißt, was zu tun ist. Wenn du ein wenig Planung in dein Studium investierst, sparst du 90 Prozent des eigentlichen Aufwands, indem du deine Arbeitszeit klug einteilst.

Aus diesem Grund unterscheidet ein Plan erfolgreiche von weniger erfolgreichen Studenten. Er macht den Unterschied zwischen Regelstudienzeit und Langzeitstudium. Ohne Plan bleibst du ständig nur im Mittelmaß, während du mit ein klein wenig Vorausdenken bequem einen Einserschnitt anpeilen kannst. Planst du jeden Tag im Voraus, wirst du es viel leichter finden, anzufangen und weiterzumachen. Je besser du deine Zeit einteilst und organisierst, desto größer ist dein Zeitgewinn beim Erledigen von Aufgaben. Mit nur einer Minute Planung sparst du im Schnitt zehn Minuten Arbeitszeit – und das jedes Mal!

☆ To-do

- ✔ Setze die 10/90-Regel ein und stelle einen Plan für deine wichtigste Aufgabe auf!

#15 Stelle einen Studienverlaufsplan auf!

Ein Studienverlaufsplan gibt dir Halt und hilft dir dabei, im täglichen Unistress nicht die Orientierung zu verlieren. Er ist ein mächtiges Tool und kann flexibel eingesetzt werden. Solch ein Plan umfasst alle wichtigen Meilensteine und Ziele deines Studiums; er zeigt dir, wie die verschiedenen Semester aufgebaut sind und legt fest, wann du welche Fächer und Prüfungen absolvieren solltest. Er ist der rote Faden in deinem Studium und sorgt dafür, dass du den Überblick behältst. Er gibt dir Sicherheit und Ruhe, damit du dich auf die Inhalte deines Studiums konzentrieren kannst und nicht von Deadline zu Deadline hetzen musst. Dein Studienverlaufsplan zwingt dich nicht dazu, im Akkord zu lernen und bewahrt dich vor einem Burnout. Ein Studienverlaufsplan gibt dir einen ruhigen Takt vor, an dem du dich orientieren kannst.

Studienverlaufspläne sind strategische Werkzeuge. Normalerweise findest du einen allgemeinen Studienverlaufsplan in deiner Prüfungsordnung und kannst dich an diesem Musterbeispiel orientieren. Sobald du aber von diesen Standards abweichst, passt der Plan nicht mehr für dich. Deshalb solltest du dir einen persönlichen Studienverlaufsplan erstellen und damit deinen individuellen Wünschen und Anforderungen gerecht werden. Du hast dann immer auf dem Zettel, wann du was in deinem Studium erledigen musst und kannst besondere Ereignisse (Auslandssemester, Praktikum, Urlaubssemester, Abschlussarbeit) problemlos aufnehmen und deine Planung daran ausrichten.

☆ To-do

✔ Erstelle einen individuellen Studienverlaufsplan mit allen wichtigen Bestandteilen deines Studiums!

#16 Wähle die richtigen Fächer!

In fast allen Studiengängen hast du unterschiedliche Wahlmöglichkeiten und kannst dir deine Vorlesungen (oder zumindest einen Teil davon) selbst zusammenstellen. Während die ersten zwei bis drei Semester deines Studiums noch stark reguliert sind und einem mehr oder weniger fixierten Studienverlaufsplan folgen, hast du danach viele Freiheiten und kannst deine Vorlesungen selbst wählen. Natürlich je nach Hochschule und Studiengang. Doch in dieser Wahlmöglichkeit liegt die Schwierigkeit: Welche sind die richtigen Module aus dem riesigen Lehrangebot? Welche Vorlesungen sind die richtigen für dich? Und woran kannst du deine Entscheidung festmachen?

Nun, die Antworten auf diese Fragen sind unglaublich individuell; sie mit einem Satz zu beantworten würde der komplexen Situation nicht gerecht werden. Deine Wahlentscheidung ist nicht schwarz oder weiß, sondern hat viele Facetten. Du musst abwägen, Prioritäten setzen und Kompromisse eingehen. Frage dich: Welche Inhalte interessieren mich am meisten? Welche Fächer passen zu meinem Studienverlauf? Wie gefallen mir der Dozent und seine Art der Lehre? Welche Fächer habe ich bisher belegt und welche Schlüsse kann ich daraus ziehen? In den seltensten Fällen ist deine Wahl von Anfang an klar; du musst einen Entscheidungsprozess durchlaufen, Informationen sammeln und herausfinden, was genau du in deinem Studium erreichen möchtest. Am Ende entscheidest du dich für deine beste Option oder für das kleinste Übel – je nach Situation und Timing.

☆ To-do

- ✔ Wäge ab, welche Fächer zu dir passen und überprüfe deine bisherige Auswahl!

#17 Gehe immer zur ersten Vorlesung!

Die erste Vorlesung eines Moduls ist für dich besonders wichtig und sollte deine volle Aufmerksamkeit bekommen. Denn wenn du in der ersten Vorlesung genau aufpasst und auf die wichtigsten Dinge achtest, kannst du mit wenig Aufwand richtig gut ins neue Semester starten und das Beste aus deinen Univeranstaltungen herausholen. In der ersten Vorlesung stellen die Dozenten ihre Vorlesungsreihe vor, erklären die Struktur und zeigen die technischen Rahmenbedingungen des jeweiligen Moduls. In dieser Einführungsvorlesung geht es darum, dass die Studenten einen ersten Eindruck von dem Fach bekommen und danach wissen, was in den nächsten Wochen auf sie zukommt – und genau aus diesem Grund solltest du die erste Vorlesung nicht verpassen.

Deine ganze Semestervorbereitung kann noch so gut und ausgefeilt sein: Wenn du die erste Vorlesung nicht dazu nutzt, um dir einen soliden Eindruck von dem Fach zu machen, wirst du das ganze Semester unter deinen Möglichkeiten bleiben. Denn ohne die erste Vorlesung fehlt dir die Grundlage, um optimal studieren zu können. Achte besonders darauf, wie der Dozent auf dich wirkt und versuche, eine erste Einschätzung von dieser Person zu bekommen. Sammle alle Hinweise zur Vorlesungsreihe wie wichtige Termine, benötigtes Material, Kontaktpersonen und Infos zur Prüfung. Wenn du diese Punkte beachtest, kannst du dein Studium direkt zu Semesterbeginn auf die Erfolgsspur bringen. Und das ohne viel Aufwand.

☆ To-do

- ✔ Mach dir klar, wie wichtig die erste Vorlesung im Semester ist und versäume sie niemals!

#18 Plane dein Semester!

Wenn du dein Semester strukturiert angehen möchtest, musst du wissen, was auf dich zukommt. Darum solltest du in einem ersten Vorbereitungsschritt einen Blick auf deinen Studienverlaufsplan werfen und deine Prüfungsordnung lesen. Daraus kannst du ableiten, welche Fächer und Module im aktuellen Semester anstehen und ob besondere Meilensteine wie ein Auslandsaufenthalt, ein Praktikum oder eine Studienarbeit deine Aufmerksamkeit einfordern werden. Sobald alle wichtigen Eckpunkte geklärt sind, kannst du dein Semester einteilen und planen.

Stelle dazu zunächst einen eigenen Stundenplan auf. Lege fest, welche Module du in diesem Semester absolvieren möchtest und suche dir die dazugehörigen Veranstaltungen heraus. Wenn du alle Vorlesungen, Übungen und Seminare im Verzeichnis deiner Hochschule gefunden hast, erstellst du einen ganz klassischen Wochenplan. Genauso gehst du mit den bevorstehenden Prüfungen vor: Fertige so früh wie möglich einen Klausurplan an und trage dort alle Prüfungstermine ein, die du in diesem Semester wahrnehmen möchtest. Oft stehen diese Termine direkt zu Semesterbeginn fest, sodass du deine Klausurphase mit viel Vorlaufzeit planen kannst. Neben den Veranstaltungen und Prüfungen gibt es noch andere wichtige Semestertermine, die du dir unbedingt merken solltest: Blockveranstaltungen, Fristen zur Prüfungsanmeldung oder andere wichtige Deadlines in deinem Studium. Sammle alle Termine und Projekte, die für dein Semester wichtig sind und stelle sie in einem Übersichtsplan zusammen.

☆ To-do

✔ Erstelle einen Plan für dein aktuelles Semester und nimm dazu alle wichtigen Fristen und Termine auf!

#19 Plane dein Auslandssemester!

Ein Semester lang die Strände Australiens genießen, die italienische Mentalität leben oder sich asiatische Delikatessen schmecken lassen: Viele Studenten träumen von einem Auslandssemester und brennen darauf, sich diesen Wunsch zu erfüllen. Doch solch ein Auslandsaufenthalt im Studium ist mit großem organisatorischem Aufwand und viel Arbeit verbunden. Denn wenn du diese Zeit maximal genießen und möglichst viele Erfahrungen mitnehmen möchtest, musst du deine Reise klug planen – ansonsten wird dein Auslandssemester zu einem chaotischen Amateurausflug, der dich viel Geld und Nerven kosten wird.

Neben der Planung von Anreise, Unterkunft und Finanzierung müssen vor allem die bürokratischen und studientechnischen Details mit deiner Universität geklärt werden. Beginne deshalb so früh wie möglich mit den Vorbereitungen und lege als erstes deine Ziele für das Auslandssemester fest: Möchtest du im Ausland studieren, ein Praktikum absolvieren oder lieber eine feste Arbeit ausführen? Was genau möchtest du durch diese erreichen? An welche Hochschule verschlägt es dich? Gibt es eine Kooperation mit deiner heimischen Uni? Und: Welche Fächer möchtest und kannst du belegen? Außerdem musst du klären, zu welchem Zeitpunkt du dein Auslandssemester einlegen möchtest. Welche Vorstellungen hast du? Was passt gut in dein Studium? Welchen Zeitraum empfiehlt deine Hochschule? Nur, wenn du dich rechtzeitig um die Organisation kümmerst, kannst du das Maximum aus deinem Auslandssemester herausholen.

☆ **To-do**

✔ Plane dein Auslandssemester frühzeitig und informiere dich über die Rahmenbedingungen an deiner Uni!

#20 Plane dein Praktikum und dein Praxissemester

In fast allen Studiengängen ist ein praktischer Teil vorgesehen, in welchem du deine theoretischen Kenntnisse anwenden und im richtigen Leben ausprobieren kannst. Selbst dann, wenn dein Studium nur aus Vorlesungen besteht, solltest du darüber nachdenken, ein zusätzliches Praktikum oder Praxissemester einzulegen. Denn: Praktische Erfahrungen sind nicht nur hilfreich für deinen späteren Berufseinstieg, sondern auch eine tolle Möglichkeit, die eigenen Stärken und Schwächen auszuloten. Solch eine Praxisphase muss jedoch gut geplant werden – nur dann wird sie deinen Bedürfnissen gerecht und du kannst diese Zeit genießen.

Informiere dich zunächst darüber, welche formalen Richtlinien deine Hochschule vorgibt und finde heraus, ob passende Kooperationen mit Unternehmen vorhanden sind. Entscheide dann, ob dein Praktikum im Inland oder im Ausland stattfinden soll. Danach checkst du Branchen, Unternehmen und Arbeitsfelder, die deinen Interessen entsprechen und triffst eine Vorauswahl. Berücksichtige dabei neben inhaltlichen Vorlieben auch geographische und soziologische Rahmenbedingungen. Je weiter du dein Praxissemester im Voraus planst, desto besser und einfacher wird dir dessen Organisation gelingen. Du benötigst genügend Vorlauf, um alle wichtigen Informationen sammeln und bewerten zu können. Zudem vermeidest du Stress und musst keine überstürzten Entscheidungen treffen.

☆ To-do

✔ Plane deine Praxisphase im Voraus und organisiere diesen Teil deines Studiums mit System!

💡 Lesetipps

- ✔ Machst du diesen fundamentalen Fehler in deinem Studium: www.studienscheiss.de/fehler-studium-planen/

- ✔ Wie du dir schnell und einfach einen Studienverlaufsplan erstellst: www.studienscheiss.de/studienverlaufsplan/

- ✔ Was soll ich wählen? Mit diesen 7 Fragen findest du die richtige Vorlesung: www.studienscheiss.de/waehlen-richtige-vorlesung/

- ✔ Warum die erste Vorlesung im Semester so wichtig für dich ist: www.studienscheiss.de/erste-vorlesung/

- ✔ Semestervorbereitung für Profis: Mit diesen Tipps startest du perfekt ins neue Semester: www.studienscheiss.de/semestervorbereitung-perfekter-start/

- ✔ Auslandssemester: Wie komme ich wann wohin: www.studienscheiss.de/auslandssemester-wie-wann-wohin-1/

- ✔ Wie du dein Praxissemester mit wenig Zeit erfolgreich planen kannst: www.studienscheiss.de/praxissemester-erfolgreich-planen/

☑ Checkliste

☐ Verstanden, dass Planen wichtig ist

☐ Übersicht über alle Aufgaben und Projekte erstellt

☐ Schriftliche Pläne festgehalten

☐ 10/90-Regel verstanden und eingesetzt

☐ Studienverlaufsplan erstellt

☐ Fächerauswahl geprüft

☐ Bedeutung der ersten Vorlesung verinnerlicht

☐ Semesterplan erstellt

☐ Auslandssemester geplant

☐ Praxisphase geplant

✏ Notizen

Organisation

#21 Werde zum Selbstmanager!

An heutige Studenten werden hohe Anforderungen gestellt. Es reicht nicht aus, dass du clever bist, eine schnelle Auffassungsgabe besitzt und gut auswendig lernen kannst. Etwas anderes ist viel wichtiger: Du musst dein gesamtes Studentenleben geschickt organisieren können und den Überblick behalten. Du musst dein Studium klug managen und auch abseits deiner Vorlesungen eine gute Figur machen. Für diese Aufgaben bist du selbst zuständig – niemand wird sie dir abnehmen.

Deine Uni liefert dir die Inhalte – was du daraus machst, ist deine Sache. Niemand wird dir das Händchen halten und Schritt für Schritt zeigen, wie du Vorlesungen, Lerneinheiten, Nebenjob, Partys und Alltag unter einen Hut bekommst. Als Student musst du dich um alles selbst kümmern und sehen, wie du zurechtkommst. Wenn du darauf hoffst, dass dir jemand zeigt, wie man strukturiert arbeitet oder produktiv studiert, bist du auf dem Holzweg. Du kannst lange darauf warten, dass dir deine Hochschule unter die Arme greift und dir beibringt, wie du ein guter Student wirst. Doch sie meint es nicht böse. Du sollst selbstständig werden – und unter den gegebenen Umständen bleibt dir nichts anderes übrig. Wichtig ist nur, dass dir deine neue Rolle von Studienbeginn an bewusst ist. Mach dir von Anfang an klar, dass du selbstständig arbeiten und deinen Alltag eigenständig organisieren musst. Je eher du dich daran gewöhnst, desto besser findest du dich im Studium zurecht.

☆ To-do

- ✔ Mach dir bewusst, dass du für die Organisation und Struktur deines Studentenalltags verantwortlich bist und nimm deine neue Rolle des Selbstmanagers ein!

#22 Denke in Schritten!

Viele Aufgaben und Herausforderungen im Studium sind komplex und wirken auf den ersten Blick abschreckend. Gewöhne dir daher an, in Schritten zu denken. Teile deine großen Aufgaben in kleine, überschaubare Schritte ein und erledige dann ganz locker einen Schritt nach dem anderen. Das ist nicht kompliziert oder spießig – es nimmt deinen großen Aufgaben den Schrecken und bringt dich in Schwung. Große, undurchschaubare To-dos blockieren dich. Du hast dann keine Lust anzufangen, weil du den Wald vor lauter Bäumen nicht siehst. Oder: Du startest zwar, aber verläufst dich und gibst nach einiger Zeit auf.

Gewöhne dir an, große Aufgaben nicht mehr als Ganzes zu sehen, sondern denke in kleinen Etappen. Unterteile deine anstehenden Projekte in kleine, durchführbare Einheiten und arbeite dich dann Schritt für Schritt durch. Die Gesamtheit behältst du dabei im Blick – für die Durchführung spielt sie allerdings keine Rolle. Das hat zwei große Vorteile: Erstens wirst du es einfacher finden, zunächst ein kleines Stück einer großen Aufgabe zu erledigen, als mit der ganzen Arbeit auf einmal anzufangen. Zweitens sorgt diese Aufteilung dafür, dass du die Übersicht behältst und zu jedem Zeitpunkt genau weißt, an welcher Stelle deiner Aufgabe du dich befindest. Du kannst dich dann nicht mehr verlaufen oder wirst von unwesentlichem Kleinkram abgelenkt. Dein Schritte-Plan hält dich in der Spur und zeigt dir, was als nächstes zu tun ist.

☆ To-do

- ✔ Zerteile eine beliebige Aufgabe in einzelne, kleine Arbeitsschritte und beginne sofort mit deren Umsetzung!

#23 Schreibe alles auf!

Gewöhne dir an, alles aufzuschreiben, was für dein Studium relevant sein könnte. Mach dir immer Notizen und bilde dir nicht ein, dass du dir dies und jenes schon merken wirst. Das wirst du nämlich nicht – dafür spuken zu viele Dinge in deinem Kopf herum, die dich ablenken und deine Aufmerksamkeit auf sich ziehen. Das Verfallsdatum von Informationen im Kopf eines Studenten liegt nicht besonders weit in der Zukunft. Das ist gar nicht böse gemeint, aber Studenten werden täglich mit neuen Inhalten zugeschüttet, die sie erst einmal wahrnehmen, verarbeiten und ablegen müssen. Es ist physiologisch gar nicht möglich, diese Vielzahl an Einflüssen verlustfrei im Gedächtnis zu behalten.

Und so löst du dieses Problem: Schreibe dir alles auf. Jede Kleinigkeit, jeden Hinweis, jede Zahl. Sammle alle wichtigen Informationen und Gedanken auf Papier. Notiere dir alles, was du nicht vergessen darfst oder irgendwann mal wichtig sein könnte. Wenn in der Vorlesung ein wichtiger Satz fällt – schreib ihn auf. Sobald ihr in der Lerngruppe einen hilfreichen Gedankengang entwickeln konntet – schreib ihn auf. Immer dann, wenn du beim Skriptlesen einen Zusammenhang verstanden hast – schreib ihn auf. Notizen helfen dir im Nachhinein ungemein und sparen dir wertvolle Minuten oder sogar Stunden Arbeit.

☆ To-do

- ✔ Schaffe dir ein Notizbuch an und notiere ab sofort jeden wichtigen Gedanken!

#24 Arbeite mit Listen!

Fast jeder besitzt eine To-do-Liste, auf der wichtige Aufgaben und Informationen gesammelt werden, die im Laufe eines Tages anfallen. Listen sind toll: Sie sind übersichtlich, schnell erstellt, einfach zu handhaben und können fast überall hin mitgenommen werden. Deshalb solltest du auch während deiner Studienzeit mit Listen arbeiten – nur etwas professioneller. Wenn du dir schon die Mühe machst und eine Liste mit deinen Aufgaben anlegst, dann solltest du auch das Beste aus diesem Tool herausholen. Und zwar so: Pack deine Liste nicht zu voll und nimm wirklich nur die wichtigsten Aufgaben auf. Sortiere die Punkte danach in Kategorien, vergib Prioritäten und weise jedem Eintrag eine Deadline zu. Schaffe etwas Struktur auf deiner Liste und verwandle deine Aufgaben in klare, motivierende Ziele – dann wirst du deine To-dos eher abhaken können und dich nicht von zu viel Druck abschrecken lassen.

Es kann außerdem sinnvoll sein, mit mehreren Listen zu arbeiten. Neben deiner To-do-Liste kannst du zum Beispiel eine eigene Terminliste führen, eine separate Einkaufs- oder Besorgungsliste anlegen und themenspezifische To-do-Listen (je nach Anwendungsgebiet: Studium, Haushalt, Nebenjob und so weiter) aufbauen. Deine Listen kannst du entweder klassisch auf Papier oder in digitaler Form umsetzen. Letztere haben den Vorteil, dass du deine Punkte leichter verschieben kannst und nicht direkt eine neue Liste anlegen musst. Am Ende ist es aber Geschmackssache.

☆ To-do

- ✔ Lege drei verschiedene Listen an und bringe damit Struktur in deinen Alltag!

#25 Führe einen Terminkalender!

Ein typisches Studentenleben sieht auf den ersten Blick locker und ungezwungen aus. Schaust du allerdings etwas genauer hin, erkennst du schnell, dass dein Alltag voller Termine ist: Vorlesungen, Übungen, Seminare, Treffen mit Lernpartnern, Prüfungstermine, Fristen zur An-, Ab- oder Rückmeldung deiner Hochschule und viele mehr. Hinzu kommen private Termine wie Geburtstage, Verabredungen, wichtige familiäre Treffen oder Tage, an denen du die Mülltonnen an die Straße stellen musst. Wenn du diese terminlichen Verpflichtungen nicht geschickt organisierst, verlierst du den Überblick und riskierst damit, wichtige Deadlines zu verpassen.

Führe deswegen ab dem ersten Studientag einen Terminkalender. Nicht, um dich wichtig zu machen, sondern um die zeitlichen Fixpunkte deines Alltags besser organisieren zu können. Gewöhne dir an, jeden Termin schriftlich festzuhalten und in deine persönliche Übersicht einzutragen. Dadurch wirst du nie wieder eine wichtige Frist vergessen oder durch terminliche Überschneidungen ausgebremst. Du kannst deine Tagesabläufe im Vorfeld besser planen und weißt genau, welche Termine wann und wo anstehen. Weiterer Vorteil: Du musst dir deine Termine nicht mehr merken (weil du sie aufgeschrieben hast) und hast den Kopf frei für dein Studium. Nutze dazu entweder einen Taschenkalender in Papierform oder greife auf Software und Apps zurück. Für letzteres eigenen sich die Standardkalender deines Smartphones oder Klassiker wie Outlook und Thunderbird.

☆ To-do

- ✔ Führe ab sofort einen Terminkalender und trage alle Termine ein, die diesen Monat noch bei dir anstehen!

#26 Ordne deine Gedanken!

Dein Kopf ist voll. Täglich musst du an tausend Dinge denken, die du irgendwie aufnehmen, verarbeiten und bewerten musst. Und täglich kommen mehr dazu. Du wirst von so vielen Aufgaben überhäuft, dass du geradezu in den sich dir bietenden Möglichkeiten ertrinkst. Doch was passiert mit all diesen Informationen, Terminen und wichtigen Erinnerungen, die du nicht vergessen darfst? Richtig: Sie wuseln in deinem Kopf herum. Und: Sie blockieren dich. Deshalb müssen sie da raus.

Du musst deinen Kopf von all den Ideen und Infos befreien und Platz schaffen, damit du dich konzentriert mit deinem Studium beschäftigen kannst und nicht ständig abgelenkt wirst. Der Plan dazu ist einfach: Du nimmst alles, was dir durch den Kopf schwirrt, und legst es an einer anderen Stelle ab – zum Beispiel in einer Liste. Damit sorgst du dafür, dass deine internen Ressourcen wieder frei werden und du keine Energie aufwenden musst, um Gedanken zu verdrängen oder zwischenzuspeichern. Räume in deinem Kopf auf und wirf deine Gedanken raus. Verschwende keine wertvollen Denkkapazitäten, sondern verschiebe alle Informationen an einen externen Ort und halte sie dort fest. Besonders dann, wenn du mit vielen kleinen Dingen überhäuft wirst, ist dies eine effektive Methode, mit der du deine Gedanken ordnen und alle Aufgaben in einer einfachen Liste bündeln kannst.

☆ **To-do**

- ✔ Schreibe alle Gedanken, die dir aktuell durch den Kopf gehen auf ein Blatt Papier und ordne sie anschließend in einer einfachen Liste!

#27 Sei immer vorbereitet!

Für deine Produktivität ist eine strategische Vorbereitung Gold wert. Wenn du dir vor jeder Aufgabe überlegst, wie du deine Arbeitsschritte durchführen möchtest und daraus vorbereitende Maßnahmen ableitest, wirst du auf Knopfdruck viel mehr schaffen als zuvor und gleichzeitig bessere Ergebnisse erzielen. Wenn deine Aufgaben vorbereitet sind, kannst du dich sofort an die Arbeit machen – du brauchst sie nicht immer wieder neu zu durchdenken oder nach fehlenden Infos und Arbeitsmaterial zu suchen. Du behältst den Überblick und kannst dich mit dem Wesentlichen befassen. Und das ermöglicht dir einen unglaublichen Fokus.

Eine gute Vorbereitung ist jedoch mehr, als sich die Lieblingsjogginghose anzuziehen und etwas zum Schreiben rauszulegen: Deine Vorbereitung muss ganzheitlich sein und sollte dich komplett auf deine bevorstehende Aufgabe einstimmen. Sie muss dich abholen und dafür sorgen, dass du in einen produktiven und konzentrierten Zustand gelangst. Das heißt, neben dem Herauslegen von Lernmaterialien und einer kurzen Recherche zum Thema gehört auch eine mentale Einstimmung zu deiner Vorbereitungsroutine. Wenn du mit einem optimistischen Mindset an die Arbeit gehst, kannst du mehr erreichen und wirst dich außerdem noch besser dabei fühlen. Sobald du es schaffst, den Schalter in deinem Kopf umzulegen, ist der Rest nur noch Formsache. Mit der richtigen Einstellung und einer entschlossenen Herangehensweise wird deine Arbeit garantiert zum Erfolg.

☆ To-do

- ✔ Nimm dir fünf Minuten Zeit und bereite eine Aufgabe aus deinem Studium vor – inhaltlich und mental!

#28 Lege dir ein Ablagesystem zu!

Wenn du einen richtig guten Durchblick beim Studieren bekommen möchtest, brauchst du einen kontinuierlichen Prozess, mit dessen Hilfe du deine Aufgaben regelmäßig aufnehmen, ordnen und in einem pragmatischen Ablagesystem verstauen kannst. Solch einen Prozess kannst du ganz einfach in deinen Tagesablauf einbauen und täglich an der Struktur deines Studiums arbeiten. Deine Ablage verfolgt zwei wichtige Ziele: Erstens soll sie dich entlasten, indem sie deine angehäuften Informationen geordnet zwischenspeichert; und zweitens muss sie so gut funktionieren, dass du dein Material sofort wiederfindest, wenn du danach suchst.

Für die Ablage deiner physischen Unterlagen kannst du problemlos auf die Standardlösung zurückgreifen und für jedes Fach einen eigenen Aktenordner anlegen. Innerhalb des Ordners kannst du mit Trennblättern oder Post-its für eine Gliederung sorgen. Zudem ist es hilfreich, wenn du deine Ordner nicht nur von außen beschriftest, sondern auch im Innenteil mit einer kleinen Übersicht für Orientierung sorgst. Wenn du die Möglichkeit hast, einen Scanner mit automatischem Einzug zu nutzen, kann es sich lohnen, alle Dokumente zusätzlich elektronisch abzulegen. Dadurch hast du den großen Vorteil, dass du deine Unterlagen viel schneller wiederfindest, wenn du im Dateinamen die richtigen Suchbegriffe hinterlegst. Außerdem kannst du eine digitale Ablage ortsunabhängig einsehen und per Cloud oder mobilem Speicher auf sie zugreifen.

☆ To-do
- ✔ Lege dir ein funktionales Ablagesystem zu!

#29 Vergiss Multitasking!

Produktive Studenten arbeiten fokussiert. Sie lassen sich nicht ablenken und legen ihre volle Aufmerksamkeit auf das Hier und Jetzt.
Sie kümmern sich nicht um zehn Dinge zur gleichen Zeit, sondern
gehen eine Maßnahme nach der anderen an. Wenn du allerdings
ständig überfordert sein möchtest und beim Studieren scheitern
willst, dann solltest du es mal mit Multitasking versuchen. Multitasking ist der schnellste Weg, um die Motivation zu verlieren, aus-
zubrennen und unglücklich zu werden. Es zerstört deine Produktivität und sorgt dafür, dass du am Ende viele Dinge sehr schlecht
erledigen wirst. Durch Multitasking sinkt deine Konzentration und
die Qualität deiner Arbeit nimmt ab – und das kostet dich am Ende
Zeit. Gewöhn dir daher an, dich immer nur um eine Sache zur gleichen Zeit zu kümmern. Multitasking hat zwar einen positiven Ruf,
ist aber gefährlich: Wer zu viel auf einmal anpackt, verzettelt sich
leicht und schafft am Ende deutlich weniger, als jemand, der fokussiert an einer Aufgabe arbeitet.

Auch wenn es auf den ersten Blick länger dauert: Beschäftige
dich immer nur mit einer Sache zur gleichen Zeit. Erledige deine
Aufgaben mit voller Aufmerksamkeit und lass dich nicht ablenken.
Singletasking lautet ab jetzt deine Devise: Konzentriere dich ausschließlich auf deine aktuelle Aufgabe. So bündelst du deine Kraft
und Konzentration auf eine einzige Aktion. Ablenkungen und Nebensächlichkeiten haben keine Chance mehr und du kannst dich
konzentriert von Aufgabe zu Aufgabe arbeiten.

☆ To-do

✔ Mach dir klar, dass Multitasking schädlich und ineffizient
ist! Praktiziere stattdessen Singletasking und arbeite sofort
für 15 Minuten an einer einzigen Aufgabe!

#30 Kenne deinen Rhythmus!

Deine Leistungsfähigkeit ist über den Tag verteilt nicht auf einem konstanten Niveau; sie schwankt und richtet sich nach deinem Biorhythmus. Das heißt für dich: Es gibt Tagesphasen, in denen du superproduktiv bist und eine Aufgabe nach der anderen erledigst. Es gibt aber auch Zeiten, in denen du gar nichts gebacken bekommst und Studieren das Letzte wäre, was du tun solltest. Und genau diesen Rhythmus musst du kennen. Du musst wissen, ob du eher zu den Morgenmenschen gehörst, die in den ersten Stunden des Tages am meisten schaffen, oder ob du eher nachtaktiv bist und spät am Abend zu deinem Leistungshoch findest. Beobachte dazu bewusst deine Leistungsfähigkeit im Laufe des Tages und halte fest, wann du dich in welchem Zustand befindest – mindestens für einen Zeitraum von ein bis zwei Wochen.

Keine Leistungskurve ist an sich gut oder schlecht – keine Version ist besser als die andere. Sie sind einfach verschieden. Wichtig ist nur, dass du deine persönliche Leistungskurve kennst und die Hochs und Tiefs klug nutzt. Hierzu legst du anspruchsvolle Aufgaben in deine Hochphasen und arbeitest dann an wichtigen Projekten (Fachbuch lesen, Skript zusammenfassen...), wenn deine Leistungsfähigkeit am stärksten ausgeprägt ist. Wenn du dich in einem Leistungstief befindest, solltest du nicht gegen deinen biologischen Rhythmus ankämpfen, sondern versuchen zu entspannen und diese Phase für Routineaufgaben (Unterlagen sortieren, aufräumen...) und soziale Kontakte zu nutzen.

☆ **To-do**
- ✔ Finde deinen persönlichen Tagesrhythmus und bestimme die Zeiten, in denen du am produktivsten bist!

💡 Lesetipps

- ✔ Selbstmanagement für Studenten: Wie jeder Dödel sein Studium in den Griff bekommt: www.studienscheiss.de/selbstmanagement-studenten-doedel/

- ✔ Die Wassermelonen-Taktik: Zerstückle dein Studium und verliere nie wieder die Übersicht: www.studienscheiss.de/wassermelonen-taktik-zerstueckle-studium-uebersicht/

- ✔ 7 einfache Schritte, um sofort mehr Struktur in dein Studentenleben zu bringen: www.studienscheiss.de/struktur-studentenleben/

- ✔ Getting Things Done: Wie du mit der GTD-Methode für immer das Chaos in deinem Kopf beseitigst: www.studienscheiss.de/getting-things-done/

- ✔ Das verblüffend einfache Geheimnis hochproduktiver Studenten: www.studienscheiss.de/geheimnis-hochproduktiver-studenten/

- ✔ Die 7 goldenen Regeln, mit denen chaotische Studenten ihr Studium meistern: www.studienscheiss.de/regeln-chaotische-studenten/

☑ Checkliste

☐ Rolle als Selbstmanager angenommen

☐ Aufgaben zerteilt

☐ Notizbuch angeschafft und erste Ideen notiert

☐ Drei Listen angelegt

☐ Terminkalender angelegt

☐ Gedanken aufgeschrieben und danach geordnet

☐ Aufgabe vorbereitet (inhaltlich und mental)

☐ Ablagesystem zugelegt

☐ Multitasking abgeschworen, Singletasking umgesetzt

☐ Persönlichen Tagesrhythmus bestimmt

✏️ Notizen

Zeitmanagement

#31 Teile deine Zeit klug ein!

Entgegen aller Erwartungen: Als Student hast du wenig Zeit. Studieren ist ein Full-Time-Job. Während der Vorlesungszeit hetzt du von einer Univeranstaltung zur nächsten, kämpfst dich durch Skripte und Bücher. Nebenbei hast du vielleicht noch einen Studentenjob und musst dich um deine Wohnung kümmern. Wenn du dann noch eine Studienarbeit schreiben musst oder andere Verpflichtungen hast, bleibt noch weniger freie Zeit übrig. Nach den Vorlesungen wird es nicht besser, denn jetzt kommen die Prüfungen. Das heißt für dich: Endlos lange Klausurvorbereitung, lernen bis an die Schmerzgrenze und jede Menge Prüfungsstress.

Wenn dein Studium erst einmal richtig Fahrt aufgenommen hat, ist dein Kalender voll – voll bis obenhin. Gefühlt kommen mit einer erledigten Aufgabe fünf neue Punkte auf deiner To-do-Liste dazu. Der Umgang mit Zeit wird zu einer wichtigen Schlüsselkomponente in deinem Alltag und zum Erfolgsfaktor Nummer 1. Deshalb musst du deinen Fokus auf die wichtigen Dinge legen und produktiv studieren. Du darfst nicht die Übersicht verlieren und verschwenderisch mit deiner Zeit umgehen. Du musst deine freien Ressourcen klug einteilen und ein selbstständiger Zeitmanager werden. Denn ein solides Zeitmanagement ist deine Fahrkarte in ein entspanntes und erfolgreiches Studium. Wenn du dir deine Zeit geschickt einteilst und ein kleines bisschen planst, hast du sofort mehr Freizeit und bekommst endlich die Noten, die du verdienst.

☆ To-do

- ✔ Werde dein eigener Zeitmanager und teile deine Zeit klug ein! Erstelle einen Plan für die nächste Woche und reserviere Zeitfenster für deine wichtigsten Aufgaben!

#32 Setze dir glasklare Ziele!

Ohne konkrete Ziele nützt dir das beste Zeitmanagement nichts. Denn um etwas zu erreichen, musst du erst einmal wissen, was genau du eigentlich erreichen willst. Mach deshalb nicht den gleichen Fehler wie viele deiner Kommilitonen: Verwechsle deine vagen Träume und unpräzisen Wunschvorstellungen, die irgendwo durch deinen Kopf schwirren, nicht mit erfüllbaren Zielen. Im Studium wirst du immer unproduktiv und erfolglos bleiben, wenn du dir keine Ziele setzt. Herausragende Ergebnisse kannst du nur dann erreichen, wenn du für dich und dein Studium klare Ziele definierst. Nur wenn du weißt, wo du hin möchtest, kannst du die richtigen Schritte einleiten und den genauen Weg zu deinem Ziel festlegen. Anders geht das nicht.

Werde dir darüber klar, was du erreichen möchtest und lege clevere Ziele fest. Das gibt dir Orientierung im hektischen Unialltag und deinem Studium eine Struktur, nach der du dich richten kannst. Denn Ziele sorgen dafür, dass du dich auf das Wesentliche konzentrierst und unwichtige Dinge außer Acht lassen kannst. Deine Ziele sind dabei keinesfalls demotivierende Druckmittel, die dich einschnüren und in ein zu enges Korsett stecken. Im Gegenteil, richtig formuliert, sind Ziele Motivationsbooster und essenziell für ein gutes Zeitmanagement. Bei der richtigen Formulierung deiner über- und untergeordneten Ziele hilft dir das bekannte SMART-Konzept: Definiere deine Ziele immer spezifisch (konkret), messbar (kontrollierbar), angemessen (motivierend), realistisch (erfüllbar) und terminiert (zeitlich begrenzt).

☆ To-do

✔ Lege fünf Ziele für dein aktuelles Semester fest und wende dafür das SMART-Konzept an!

#33 Lege eindeutige Prioritäten fest!

Irgendwann wirst du dich in deinem Studium fragen: „Das ist ganz schön viel – wie soll ich das alles schaffen?!" Antwort: Du kannst nicht alles schaffen. Du hast nie genug Zeit, um alles zu erledigen, was du erledigen müsstest und wirst förmlich von Arbeit und neuen Aufgaben überschwemmt. Täglich kommen neue persönliche Ziele dazu und fordern ihren Platz in deinem Kalender ein. Damit dich diese Arbeitslawine nicht überrollt, musst du eine kluge Vorauswahl treffen. Setze Prioritäten; wäge ab, welche der geplanten Aktivitäten zuerst kommt und was nach hinten verschoben werden kann. Denn sonst ertrinkst du in all den Möglichkeiten, welchen du deine Zeit widmen kannst. Während du dich noch damit abmühst, fertig zu werden, strömen bereits neue Aufgaben und Deadlines auf dich zu. Deshalb wirst du nie alles erledigen können, was du eigentlich tun müsstest.

Schlimmer noch: Bei einigen deiner Aufgaben im Studium wirst du immer im Rückstand sein. Deshalb musst du lernen, Wichtiges von Unwichtigem zu unterscheiden. Du musst deine Zeit für die großen Aufgaben einsetzen, die dich wirklich weiterbringen und damit aufhören, Stunde für Stunde mit belanglosem Kram zu verschwenden. Bestimme deswegen für jeden Tag eine Aufgabe, die du auf jeden Fall erledigen möchtest und ordne dieser Priorität alle anderen Verpflichtungen unter. Frage dich: „Wenn ich heute nur eine Stunde Zeit hätte und eine einzige Aufgabe erledigen könnte – welche wäre das?" Fokussiere dich darauf und kümmere dich erst dann um die weiteren Punkte deiner To-do-Liste.

☆ **To-do**

- ✔ Bestimme deine wichtigste Aufgabe und ignoriere alles andere – Tag für Tag!

#34 Verzettle dich nicht – denke an Pufferzeiten!

Je besser du deine Zeit einteilst und planst, desto größer ist dein Zeitgewinn beim Erledigen von Aufgaben. Mit nur einer Minute Planung sparst du im Schnitt zehn Minuten deiner Arbeitszeit – und das jedes Mal. Aber: Verzettle dich dabei nicht! Eine solide Planung ist wichtig, doch wenn du dabei zu detailliert vorgehst, schnürst du dich ein und nimmst dir deinen Handlungsspielraum. Verplane deshalb niemals deinen ganzen Tag. Denn egal, wie gut deine Planung aussieht: Sie wird nie zu 100 Prozent aufgehen.

Deswegen musst du beim Zusammenstellen deiner täglichen Aufgaben und Aktivitäten Pufferzeiten einplanen. Und nicht zu wenige. Eine bekannte Daumenregel dazu lautet: Verplane nur 50 Prozent deiner frei einteilbaren Arbeitszeit und reserviere den Rest für Unerwartetes. Das sieht auf den ersten Blick sehr vorsichtig und unproduktiv aus, aber die Erfahrung zeigt: Zeitfresser, unvorhergesehene Ereignisse und Störungen nehmen mehr von deiner Zeit weg, als du denkst. Pufferzeiten helfen dir, damit umzugehen und geben dir Spielraum. Spielraum, den du im Zweifel auch zur Regeneration zwischen zwei Aufgaben nutzen kannst oder in vertiefende Arbeiten stecken solltest, wenn du gerade im Flow bist. Wenn du die Pufferzeiten nicht ausreichend beachtest und dich nicht an die 50-Prozent-Regel hältst, wirst du schnell überfordert sein und frustriert aufgeben. Deine Planung wird dir dann keine Hilfe sein, sondern nur unnötigen Druck aufbauen.

☆ To-do

- ✔ Verplane höchstens 50 Prozent deiner Zeit und lasse den Rest als Puffer zwischen deinen Terminen frei!

#35 Sei produktiv, nicht beschäftigt!

Endlich bist du im Arbeitsmodus. Deine To-do-Liste steht und du kämpfst dich von Aufgabe zu Aufgabe. Du musst dich zwar jedes Mal ein bisschen überwinden, aber du packst die Dinge jetzt an und zwingst dich zum Weitermachen. Doch einfach nur beschäftigt sein, reicht nicht. Viele Studenten sind beschäftigt: Sie sortieren fleißig ihre Unterlagen, fassen Bücher und Skripte zusammen und recherchieren, was das Zeug hält. Sie tun zwar etwas – aber am Ende bringt ihnen das nichts! Sie sind beschäftigt, aber nicht produktiv.

Wenn du dich also fragst, warum du beim Studieren immer unter deinen Möglichkeiten bleibst und auch sonst nicht viel gebacken bekommst, dann liegt es vielleicht daran, dass du deine Zeit mit unnötigen Dingen füllst, die dich deinen Zielen nicht näher bringen. Wenn du zum Beispiel ein Fach mit einer Eins vor dem Komma bestehen möchtest, aber drei Stunden dafür brauchst, deine Ordnerbeschriftungen auf den neuesten Stand zu bringen und fünf kleine Definitionen zu googeln, kommst du in die Hall of Fame der unproduktivsten Studenten aller Zeiten. Mit Effizienz hat das wenig zu tun. Etwas Unwichtiges wird dadurch, dass man es sehr gut erledigt, auch nicht zu etwas Wichtigem. Frage dich deshalb in regelmäßigen Abständen, ob das, was du gerade tust, wichtig ist. Bringt es dich weiter? Oder verlierst du dich in Details und verschwendest Zeit? Arbeite lieber etwas weniger – dafür aber fokussierter und produktiver.

☆ To-do
✔ Prüfe deine tägliche Aufgabenliste und stelle sicher, dass du produktiv studierst und nicht nur beschäftigt bist!

#36 Nutze das Pareto-Prinzip!

Kurzer Ausflug in die Geschichte: Vilfredo Pareto war ein gerissener, italienischer Wirtschaftsprofessor und hatte viel für Statistik übrig. In einer seiner bekanntesten Untersuchungen hat er das 80/20-Prinzip nachgewiesen, was später unter dem „Pareto-Prinzip" unglaublich berühmt wurde. Und darum ging es dabei: Pareto fand heraus, dass der Wohlstand in einer Gesellschaft sehr ungleichmäßig verteilt ist. Genauer gesagt wies er nach, dass sich 80 Prozent des Vermögens im Besitz von 20 Prozent der Bevölkerung befanden. So weit, so langweilig. Allerdings lässt sich diese Verteilungsformel verallgemeinern und auf viele andere Bereiche außerhalb der Ökonomie übertragen. Und das ist richtig hilfreich für dich und dein Zeitmanagement.

Das allgemeine Pareto-Prinzip lautet: Nur 20 Prozent des Inputs sorgen für 80 Prozent des Gesamtoutputs. Und das bedeutet für dich und dein Studium: 80 Prozent deiner Lernfortschritte entstehen in 20 Prozent deiner Lerneinheiten. 80 Prozent der Punkte in der Klausur holst du mit 20 Prozent deiner Prüfungsvorbereitung. 80 Prozent der Note deiner Abschlussarbeit entstehen aus 20 Prozent deiner investierten Leistung. Diese Liste kann endlos fortgesetzt und auf fast alle Bereiche in deinem Leben übertragen werden. Und: Diese „unfaire" Verteilung kannst du dir zunutze machen. Finde dazu deine „20-Prozent-Aufgaben" heraus, die dir 80 Prozent der Ergebnisse bringen. Und dann: Kümmere dich nur noch um diese wenigen Aufgaben. Vernachlässige den Rest und werde so zu einem effizienten Studenten.

☆ To-do

✔ Nutze das Pareto-Prinzip und finde deine „20-Prozent-Aufgaben"!

#37 Setze eigene Deadlines!

Im Studium läufst du ihnen an jeder Ecke über den Weg: Deadlines. In Form von Klausurterminen, Rückmeldefristen oder der Abgabe für die Studienarbeit. Deadlines kennt jeder – und fast jeder findet sie nervig. Dabei ist eine Deadline an sich etwas Gutes und kann dir dabei helfen, fokussiert und produktiv zu studieren. Du musst sie nur richtig einsetzen. Und dabei hilft dir das Parkinson'sche Gesetz. Der britische Soziologe Cyril Parkinson hat den menschlichen Umgang mit Zeit und das Verhalten in Stresssituationen untersucht. Seine Feststellung lautet: „Eine Aufgabe dehnt sich in genau dem Maß aus, wie Zeit für ihre Erledigung zur Verfügung steht." Das bedeutet: Aufgaben ohne genaue Terminierung sind unendlich dehnbar und nehmen riesige Zeitfenster ein. Produktives Arbeiten ist fast nicht möglich, weil Menschen wahre Meister darin sind, sich selbst zu sabotieren und nach Ablenkungen zu suchen.

Eine Deadline hingegen schärft deinen Fokus. Du wirst dazu gezwungen, dich auf die wichtigen Dinge zu konzentrieren, weil keine Zeit für Nebensächlichkeiten bleibt. Deswegen sind Deadlines so nützlich; unbequem und nervig, aber nützlich. Aus diesem Grund solltest du für jede deiner Aufgaben eine Deadline festlegen, die den zeitlichen Bearbeitungsrahmen beschränkt und dir dazu verhilft, effizient und schnell zu handeln. Bestimmst du keine Frist zur Fertigstellung, wirst du deine Arbeit viel eher aufschieben und hinauszögern – mit einer Deadline passiert dir das nicht.

☆ **To-do**

- ✔ Bestimme zu jeder Aufgabe auf deiner To-do-Liste eine Deadline und lege konkret fest, wann diese Aufgabe erledigt sein muss!

#38 Sei nicht zu perfektionistisch!

Perfektionismus ist weder gut noch schlecht. Er ist beides. Und wenn du lernst, wie du deinen Perfektionismus im Studium richtig einsetzt, ohne dich dabei auszubeuten und kaputt zu machen, kann das dein Studentenleben stark verbessern. Perfektion an sich ist nicht erreichbar. Kein Zustand kann jemals perfekt sein. Aber das Streben nach Perfektion kann dich zu neuen Höchstleistungen anspornen und dich auf ein Level bringen, von dem du niemals gedacht hättest, dass du es jemals erreichen würdest. Es kann dich aber auch krank und unglücklich machen.

Viele Studenten haben nicht nur zu hohe Ansprüche an sich selbst, sondern arbeiten generell viel zu perfektionistisch. Sie wollen jedes Detail perfekt beherrschen und verlieren dabei das Wesentliche aus dem Blick. Das hat zur Folge, dass sie unproduktiv lernen und ihre Zeit mit unnötigem Kleinkram verschwenden. Daher solltest du versuchen, beim Lernen rechtzeitig den Absprung zu finden. Mach dir klar, dass du ein Thema niemals perfekt beherrschen und in allen denkbaren Einzelheiten verstehen wirst. Das ist nicht möglich – für niemanden. Auf der anderen Seite darfst du diese Denkweise nicht dazu benutzen, um Schlampigkeit beim Lernen zu rechtfertigen. Die Balance ist wichtig. Setze dir deshalb herausfordernde, aber realistische Ziele, die du bewältigen kannst. Erreichte Ziele stärken dein Selbstbewusstsein und helfen dir dabei, langfristig erfolgreich zu sein.

☆ To-do

- ✔ Eliminiere deinen Anspruch, perfekt zu sein! Setze dir stattdessen hohe Ziele, die dich anspornen und zu Höchstleistungen treiben – ohne dass du ausbrennst!

#39 Spüre Zeitfresser auf – und vermeide sie!

Wenn es eine Sache gibt, die Studenten besonders gut können, dann ist es Zeitverschwendung. Jeder Student verschwendet Zeit: In der unnötigen Vorlesung, beim unproduktiven Lernen oder durch Ablenkungen im Alltag. Wir alle haben unsere Baustellen und vertrödeln täglich mehrere Stunden, die uns am Ende fehlen und zurückwerfen. Das ist nichts Neues – das Problem ist nur: Zeitverschwendung ist nicht immer offensichtlich. Oft bekommen wir gar nicht mit, wenn wir gerade unproduktiven Quatsch machen und unsere guten Vorsätze links liegen lassen. Deswegen musst du deine Perspektive für Zeitfresser schärfen und ein Gespür für Zeitverschwendung bekommen.

Nur auf diese Weise wird es dir gelingen, unnötigen Kleinkram aus deinem Alltag zu verbannen und dich auf die wesentlichen Aspekte deines Studiums zu konzentrieren. Achte deshalb verstärkt auf kleine Unterbrechungen oder schlechte Gewohnheiten, die deine Lernsessions stören und deine Konzentration beinträchtigen. Unter besonderer Beobachtung stehen dabei: dein Smartphone, Social Media, Freunde oder Mitbewohner, falsche Prioritäten und missverstandener Perfektionismus.

☆ To-do

✔ Sammle mindestens fünf Zeitfresser auf einer Liste und beschließe, ab sofort nicht mehr auf diese Ablenkungen hereinzufallen!

#40 Lege ein Päuschen ein!

Studieren bedeutet nicht, dass du ununterbrochen durchlernen musst. Das Gegenteil ist der Fall: Ohne Pausen kommst du nicht weit. Doch exakt an dieser Stelle machen 99 Prozent aller Studenten zwei entscheidende Fehler: Entweder machen sie gar keine Pause oder sie machen falsch Pause. Beides hat zur Folge, dass sie langfristig ihre Konzentration verlieren und immer unproduktiver werden. Der Lernerfolg geht dann gegen Null. Pausen sind beim Studieren genauso wichtig wie die eigentliche Leistung. Es gilt die gleiche Regel wie beim Sport: Ohne zwischenzeitliche Erholung, keine Entwicklung – ohne regelmäßige Pausen, kein nachhaltiger Erfolg. Wenn du dich für mehrere Stunden am Stück mit einer Aufgabe beschäftigst, nimmt deine Konzentration zwangsläufig ab. Irgendwann bekommst du dann gar nichts mehr auf die Reihe und musst frustriert aufgeben.

Viel klüger und effizienter ist es hingegen, wenn du in Etappen arbeitest und regelmäßige Pausen einlegst. Dabei darfst du nicht vergessen, dass deine Unterbrechungen zur Erholung und Regeneration beitragen sollen – und nicht dafür gedacht sind, um andere Baustellen abzuarbeiten oder sich mentalen Reizüberflutungen hinzugeben. Deine Pause ist eine Auszeit. Es ist Zeit für dich. Zeit, in der du durchatmen und zu neuen Kräften kommen sollst. Ansonsten bringt dein Timeout nichts. Eine Pause, in der du dich nicht erholst, ist genauso viel Wert, wie keine Pause: nämlich gar nichts. Mach dir deshalb klar, dass Pausen ein festes Ziel haben und verpflichte dich dazu, diesem zu folgen.

☆ **To-do**

✔ Plane regelmäßige Pausen ein und nutze diesen Zeitraum, um zu regenerieren!

♀ Lesetipps

✔ Zeitmanagement für Studenten: 7 Tipps für mehr Produktivität und weniger Stress im Studium:
www.studienscheiss.de/zeitmanagement-studenten-tipps/

✔ Warum du beim Studieren niemals deine Ziele aus den Augen verlieren darfst – eine kleine Geschichte:
www.studienscheiss.de/studieren-ziele-geschichte/

✔ Prioritäten im Studium – Das Gurkenglas-Gleichnis:
www.studienscheiss.de/prioritaeten-studium-gurkenglas-gleichnis/

✔ 35 Effizienz-Tipps für überforderte Studenten:
www.studienscheiss.de/effizienz-tipps-ueberforderte-studenten/

✔ Warum dich eine Deadline erst produktiv macht und wie du sie beim Studieren richtig einsetzt:
www.studienscheiss.de/deadline-produktiv-studieren/

✔ Warum Perfektionismus im Studium wichtig ist und wie du nicht daran kaputt gehst:
www.studienscheiss.de/perfektionismus-studium/

✔ 7 Wege, wie Studenten ihre Zeit verschwenden, ohne es zu merken:
www.studienscheiss.de/studenten-zeit-verschwenden/

☑ Checkliste

☐ Wochenplan mit klaren Zeitfenstern erstellt

☐ Ziele mithilfe des SMART-Konzepts formuliert

☐ Prioritäten festgelegt

☐ Pufferzeiten eingeplant

☐ Regel „Produktivität statt Beschäftigung" verankert

☐ Eigene „20-Prozent-Aufgaben" bestimmt

☐ Deadlines für jede Aufgabe gesetzt

☐ Perfektionismus abgelegt

☐ Zeitfresser aufgespürt und auf einer Liste gesammelt

☐ Pausen eingeplant

✏️ Notizen

Lernen

#41 Lerne mit System!

Wenn du im Studium einfach drauf los lernst, wirst du es nicht weit bringen. Möglicherweise kommst du ohne Konzept durch die ersten Wochen und Monate. Spätestens aber, wenn es während der Prüfungsvorbereitung ernst wird, gelangst du schnell an deine Grenzen. Was du dann brauchst, ist eine Strategie. Eine Lösung mit der du den ganzen Stoff schnell und elegant in deinen Kopf bekommst – denn unproduktives Alibilernen kannst du dir nicht leisten. Deshalb brauchst du einen klugen Plan, der dich beim Studieren unterstützt und deine Lerneinheiten so aussichtsreich wie möglich gestaltet. Du brauchst eine Lernstrategie, ein System, an dem du dich orientieren kannst.

Sinnvoll angewendet geben dir Lernstrategien im Studium Halt – Halt, den du brauchst, um mit dem Lernen anzufangen und die Sache bis zum Ende durchzuziehen. Lernstrategien geben deinem Prozess eine Form. Du kannst dich an ihnen entlanghangeln und weißt jederzeit genau, was zu tun ist. Schritt für Schritt arbeitest du dich voran, bis deine Lerninhalte sitzen und du beruhigt zur Prüfung gehen kannst. Allerdings musst du dein eigenes System erst einmal finden. Und darum musst du so früh wie möglich mit der Suche anfangen: Welche Lernmethoden funktionieren bei dir am besten? Wie kannst du dir wichtige Inhalte am schnellsten aneignen und welche Techniken greifen bei dir ins Leere? Bist du eher der analoge oder der digitale Lerntyp? Lernst du lieber morgens oder abends? In der Gruppe oder allein? Experimentiere zum Studienbeginn ein wenig und finde dein eigenes System.

☆ To-do

- ✔ Lerne nach System und finde heraus, welche Lernstrategien bei dir am besten funktionieren!

#42 Stelle einen Lernplan auf!

Viele Studenten ruinieren sich ihre Lerneinheiten, weil sie ohne Struktur an die Sache herangehen. Lernen ohne Plan ist unproduktiv und sorgt dafür, dass du niemals deine Ziele erreichst. Denn wenn du beim Lernen spontan entscheidest, was du als nächstes tun wirst, ist die Wahrscheinlichkeit groß, dass du von neuen Einfällen abgelenkt wirst und du dich nicht ausreichend konzentrieren kannst. Außerdem verlierst du zwischen den unzähligen Inhalten, die dein Studium für dich bereithält, die Übersicht. Wenn du einfach so anfängst – ohne genau zu wissen, was und wann du lernen musst – verschwendest du unglaublich viel Zeit und wirst niemals alles schaffen, was du für deine Prüfung wissen musst. Darum solltest du dir als erstes eine Strategie überlegen, bevor du dich an den Schreibtisch setzt und deine Unterlagen durchgehst.

Sammle dafür zunächst alle Lerninhalte, die für dich relevant sind und zerteile deinen Lernstoff in einzelne Arbeitspakete. Diese Lernsessions verteilst du dann auf verschiedene Tage und erstellst so deinen eigenen Lernplan. Damit weißt du immer genau, was du tun musst und kannst dich strukturiert durch dein Semester arbeiten. Für deine täglichen Einheiten reicht es schon, wenn du einen Mini-Lernplan aufstellst und in aller Kürze festlegst, wie deine nächste Runde am Schreibtisch aussehen soll. Das Ganze dauert keine 30 Sekunden, spart dir aber Stunden voller Ablenkung.

☆ To-do

✔ Erstelle zu deiner nächsten Lerneinheit einen kurzen Lernplan, der dir Struktur und Halt gibt! Lege dazu die Lerndauer, die wichtigsten Inhalte und ein übergeordnetes Ziel fest!

#43 Beschränke dich nicht nur aufs Auswendiglernen!

Für viele Studenten bedeutet „lernen" während der Prüfungsvorbereitung nichts anderes als „auswendig lernen". Der Stoff wird zusammengefasst und dann Wort für Wort wiederholt bis alles perfekt abgespeichert ist. Besonders dann, wenn es zeitlich eng wird oder die Inhalte nicht komplett verstanden werden, ist dieses Vorgehen weit verbreitet. Nur leider bringt dir stumpfes Auswendiglernen keinen nachhaltigen Erfolg. Es ist vielmehr eine Art Zwischenlösung und kein Erfolgsgarant für ein gutes Klausurergebnis. Wenn du deine Studieninhalte nicht verstehst und sich dein Lernen ausschließlich auf einfache Reproduktion beschränkt, bekommst du spätestens in der Klausur Schwierigkeiten, sobald es um Transferaufgaben oder neue – bisher unbekannte – Probleme geht.

Natürlich gehört Auswendiglernen immer ein Stück weit dazu: Einige Fachbegriffe, Vokabeln, Formeln oder Namen musst du dir einfach merken. Besonders am Studienbeginn wird es darum gehen, dass du dir ein solides Grundwissen aneignest und gewisse Definitionen, Daten oder Schemata in den Kopf bekommst. Aber das ist auch nicht gemeint, sondern: Beschränke dich nicht nur aufs Auswendiglernen. Du musst verstehen, was du lernst. Versuche immer, den Überblick zu behalten und den Gesamtkontext der abgespeicherten Informationen aufzunehmen. Das unterscheidet dich von einem Computer; das macht dich zu einem sehr guten Studenten.

☆ **To-do**
- ✔ Verändere deine Sichtweise und mach dir klar, dass reines Auswendiglernen im Studium nicht reicht!

#44 Kreiere eigene Anwendungsbeispiele!

Den größten Lernerfolg hast du dann, wenn du theoretisches Wissen in der Praxis anwendest. Oder anders gesagt: Wenn du die Dinge umsetzt, die du vorher gelesen hast. In vielen Studiengängen ist das allerdings gar nicht so einfach. Wenn du Luft- und Raumfahrttechnik studierst, wirst du kaum einen Raketenantrieb in deinem Wohnzimmer bauen können. Versuche trotzdem die theoretischen Grundlagen mit realen Beispielen zu verstärken. Überlege dir Anwendungsfälle, wandle Fallstudien ab oder denke dir eigene Experimente aus. Löse selbstständig Übungsaufgaben und wende dein theoretisches Wissen an – damit bleiben die Inhalte länger in deinem Gedächtnis und du brauchst weniger Wiederholungen.

Wenn du dir zu deinen Lerninhalten eigene Beispiele überlegst, förderst du damit nicht nur dein faktisches Gedächtnis, sondern schaffst ein tieferes Verständnis und erhöhst deine Transferfähigkeit. Du kannst dir zum Beispiel zu mathematischen Problemen eigene Aufgaben überlegen oder Sachtexte nach neuen Fragestellungen analysieren. Führe zu jedem Thema eigene Case Studies durch; deiner Fantasie sind keine Grenzen gesetzt. Nur realistisch und lösbar sollten deine Beispiele schon sein. Durch die Kombination von gelernten Theorien, Anwendungsbeispielen und dem Lösen deiner Beispiele entsteht ein Wechselspiel zwischen Theorie und Praxis, welches dafür sorgt, dass du dir deine Lerninhalte besser und nachhaltiger merken kannst.

☆ **To-do**

✔ Denke dir fünf eigene Anwendungsbeispiele für ein theoretisches Thema aus!

#45 Finde einen Lernpartner!

Viele Studenten ziehen sich beim Lernen in ihr Schneckenhaus zurück und büffeln nur für sich. Dabei konzentrieren sie sich beim Lernen so stark auf die Inhalte und die eigene Leistungskurve, dass sie sich im Vorlesungsstoff verlieren – doch das darf dir nie passieren. Erstens übersiehst du dann wichtige Informationen und zweitens bleibt dein Verständnis weit unter dem geforderten Niveau der kommenden Prüfung. Bleib deshalb niemals ganz für dich allein, sondern schließe dich mit deinen Kommilitonen zusammen. Suche dir einen Lernpartner – oder besser noch eine Lerngruppe. Wenn du keine findest: Gründe selbst eine.

Im Team kommt ihr besser mit dem Stoff zurecht und könnt euch bei Problemen gegenseitig helfen. Du musst dabei nicht den kompletten Tag zusammen mit deiner Lerngruppe arbeiten, aber ein regelmäßiger Austausch kann deinen Erfolg im Studium massiv erhöhen und dir vieles erleichtern. Hinzu kommt: Wenn du aufhörst, dich alleine durchzuschlagen und stattdessen zusammen mit ein paar Kommilitonen lernst, hast du mehr Lust aufs Studieren. Eine Lerngruppe kann sich sehr positiv auf deine Motivation auswirken und eine Art „Wir-Gefühl" entfachen. Diese Gruppendynamik sorgt dafür, dass ihr produktiver und konsequenter studiert als vorher. Außerdem werden eure gemeinsamen Lernsessions verbindlicher, da ihr euch unterbewusst gegenseitig kontrollieren oder bei Problemen direkt untereinander helfen könnt.

☆ **To-do**

✔ Suche und bestimme für jedes Modul in diesem Semester mindestens einen Lernpartner und lege einen festen Termin zum gemeinsamen Lernen fest!

#46 Lerne in Etappen!

Große Lernsessions bringen dich langfristig nicht weiter. Denn wenn du über einen langen Zeitraum ohne Pause durcharbeitest, nimmt deine Konzentration überproportional ab und du fällst in ein hartnäckiges Leistungstief. Viel produktiver und gesünder ist es hingegen, wenn du in kurzen Etappen arbeitest und zwischendurch kleine Erholungspausen einlegst. Auf diese Weise bleibst du länger fit und kannst viele produktive Einheiten aneinanderreihen – immer getrennt durch kleine Unterbrechungen, die dich mental frisch halten. Im Prinzip läuft es beim Studieren wie bei der Tour de France: Würdest du die komplette Strecke am Stück fahren, wärst du nach kurzer Zeit erschöpft; du würdest nicht weit kommen. Deshalb teilst du den Weg in Etappen auf und fährst Stück für Stück. Du legst regelmäßig Pausen ein und tankst zwischendurch Kraft, damit du danach mit vollen Energiereserven weitermachen kannst.

Zerteile deine Lernsessions deshalb in kleine Häppchen und lerne in Etappen. Große Einheiten am Stück bringen dich nicht weiter und sind ineffizient. Kleine Pausen, in denen du dich bewusst ablenken darfst, wirken hingegen belebend und fördern dein Durchhaltevermögen. Die Gefahr dabei ist nur, dass aus diesen kleinen Pausen große Pausen werden. Die Lösung: Plane deine Unterbrechungen und nimm dir konkrete Dinge vor. Zusätzlich hilft es, wenn du mit einem Timer arbeitest, der dich ans Weitermachen erinnert.

☆ To-do

- ✔ Zerteile deine nächste Lerneinheit in einzelne Etappen von 30 bis 40 Minuten und lege regelmäßig kleine Pausen ein!

#47 Schreibe Zusammenfassungen!

Sie ist das Herzstück jeder Klausurvorbereitung. Mit ihr steht und fällt dein Lernplan. Wenn sie richtig gut ist, wird es deine Prüfung auch – ist sie es nicht, hast du ein Problem: Deine Zusammenfassung. Am Semesterende bastelt sich fast jeder Student eine Zusammenfassung der wichtigsten Vorlesungsinhalte zurecht, um sich damit auf die anstehende Prüfung vorzubereiten. Diese Zusammenfassung ist das Fundament fürs Lernen. Sie ist das Erste, was du aufschreibst und das Letzte, was du dir vor deiner Prüfung noch einmal ansiehst. Darum ist sie so wichtig. Und wenn du deine Zusammenfassung mit einem klugen System erstellst, bist du nicht nur schneller fertig und bekommst ein besseres Ergebnis – du wirst außerdem keine wichtigen Inhalte mehr vergessen und kannst zielorientierter arbeiten.

Wenn du den Stoff aus einem ganzen Semester auf ein paar Seiten komprimierst, gehen oft wichtige Infos verloren. Und das kann in der Prüfung böse enden. Beschränke dich bei deiner Klausurvorbereitung deswegen nicht nur auf deine Zusammenfassung. Sieh dir die kompletten Lernunterlagen mehrmals an und nutze deine Zusammenfassung eher zur Hilfestellung und Orientierung. Als Zwischenschritt kannst du auch Zusammenfassungen der einzelnen Vorlesungen oder Buchkapitel anfertigen und diese am Ende in einer globalen Zusammenfassung vereinigen. So bleibst du am Ball und beschäftigst dich regelmäßig mit den Inhalten deines Studiums.

☆ To-do
- ✔ Plane Zusammenfassungen als festen Bestandteil deiner Prüfungsvorbereitung ein und schreibe gleich heute deine erste Mini-Zusammenfassung!

#48 Sprich verschiedene Sinne an!

Unser Gehirn hasst eintönige Abläufe und schaltet bei langweiligen Aktivitäten in den Energiesparmodus. Wenn du dir also vornimmst, vier Stunden lang Definitionen und Zusammenfassungen zu lesen, wird davon nicht viel hängen bleiben. Außer du wiederholst es 20 Mal, aber dazu fehlt dir die Zeit. Versuche deshalb beim Lernen verschiedene Sinne anzusprechen und beide Gehirnhälften zu fordern. Gestalte deine Lernsessions abwechslungsreich und nutze unterschiedliche Lerntechniken: Arbeite beispielsweise mit visuellen Reizen und zeichne eine Mindmap, eine Skizze oder ein Diagramm.

Du musst dich nicht auf die Skripte und Bücher beschränken, die dir deine Dozenten vorsetzen. Sieh dir stattdessen hin und wieder eine Dokumentation oder einen Erklärfilm zu Themen aus deinem Studium an. Videos helfen dir dabei, die trockene Theorie besser zu verstehen und die Abwechslung lockert deine Lernroutine auf. Außerdem ist diese Art des Lernens weniger anstrengend und gibt deinem Verständnis ganz neue Impulse. Höre zwischendurch ein Interview, das zu deinem Thema passt oder lerne Definitionen beim Sport auswendig. Nutze Apps, die dich beim Lernen unterstützen und gestalte deine Unterlagen optisch so ansprechend, dass es eine Freude ist, mit ihnen zu arbeiten. Im Grunde ist es egal, wie du es tust, Hauptsache du vermeidest Eintönigkeit.

☆ **To-do**

✔ Überlege dir drei Maßnahmen, wie du beim Lernen mehrere Sinne ansprechen kannst und setze diese Alternativen heute noch um!

#49 Nutze Mnemotechniken!

Während deines Studiums warten zeitweise Berge von Vorlesungsfolien, Übungsaufgaben und Fallstudien auf dich. Ein Meer aus Papier muss zusammengefasst, gelernt und im besten Fall auch noch verstanden werden. Damit du dir deinen gesamten Lernstoff leichter merken und in Rekordzeit abspeichern kannst, hilft es, wenn du dir kreative und einfache Lerntechniken zunutze machst – an dieser Stelle kommen die Mnemotechniken ins Spiel. Das Wort „Mnemotechnik" kommt aus dem Griechischen und bedeutet so viel wie „Gedächtniskunst". Es handelt sich also um Lernstrategien, die dir dabei helfen, bestimmte Sachverhalte besser merken zu können. Zu den Mnemotechniken gehören Merkhilfen wie Reime, Visualisierungen, Assoziationen, Merksätze oder die vielleicht bekannteste Mnemotechnik, die Eselsbrücke.

Indem du dir selbst Eselsbrücken baust oder Merksätze schaffst, bist du in der Lage, Gesetzmäßigkeiten, Zusammenhänge, Definitionen oder Formeln schnell einzuprägen und sie spielerisch abzurufen. Deine Merksätze sollten allerdings wirklich „merkwürdig" sein – denn sonst wirken sie für dein Gehirn wenig besonders und gehen in der täglichen Informationsflut unter. Sei deswegen kreativ und baue dir eigene, individuelle Eselsbrücken und arbeite mit Mnemotechniken, die zu deinem Lernverhalten passen. Hier ein paar Beispiele zur Inspiration: Die „KLAPS-Regel" zur Rechenfolge aus der Mathematik: „Klammer, Punkt, Strich."; ein Merksatz zur Rechtschreibung: „Gar nicht wird gar nicht zusammengeschrieben."; und zur englischen Grammatik: „He, she, it, das ‚s' muss mit.".

☆ **To-do**

- ✔ Baue eine eigene Eselbrücke für ein Bündel wichtiger Informationen, das du nicht vergessen darfst!

#50 Lerne passiv!

Viele Studenten finden im hektischen Unialltag kaum Zeit für aus-
giebige Lernsessions. Entweder ist kein Platz im Kalender oder es
kommt irgendetwas dazwischen, das konzentriertes Arbeiten verhin-
dert. Doch bevor du am Ende gar nichts für dein Studium tust, kannst
du dir mit einer einfachen Technik aus der Klemme helfen: passives
Lernen. Mit diesem Konzept integrierst du viele kleine Lernhäppchen
in deinen Tagesablauf, ohne dass du es großartig merkst. Beim Pas-
sivlernen kombinierst du einfache Lerneinheiten mit (körperlichen)
Routineaufgaben, bei denen du nur wenig oder gar nicht nachdenken musst. Du lernst sozusagen im Stand-by-Modus und arbeitest
dich schrittweise durch den Stoff. Auf diese Weise nutzt du die Zeit
viel besser aus und kannst dir zusätzliche Freiräume schaffen, weil
du deine Aufgaben fürs Studium schon „nebenbei" erledigt hast.

Du kannst zum Beispiel ausgedruckte Vorlesungsfolien oder eine
Zusammenfassung deines Lernstoffs in deinem Badezimmer auf-
hängen und den Stoff beim Zähneputzen durchgehen oder in einem
Lehrbuch lesen, während du beim Zahnarzt auf deinen Termin war-
test. Du kannst die Vorlesung im Bus wiederholen oder beim Kochen
eine Formel auswendig lernen. Passives Lernen allein reicht zwar
nicht, um im Studium zu glänzen, aber es kann am Ende den Unterschied zwischen einem guten und einem sehr guten Studenten
machen – oder den Ausschlag zur bestandenen Prüfung geben, weil
du nebenbei die Basis dafür gelegt hast.

☆ **To-do**

✔ Sammle drei Möglichkeiten, wie du passives Lernen in
deinen Alltag integrieren kannst und lerne direkt heute für
zehn Minuten mit dieser Technik!

💡 Lesetipps

- ✔ 10 Lernstrategien im Studium, die du kennen musst:
  www.studienscheiss.de/lernstrategien-im-studium/

- ✔ 9 Fehler beim Lernen, die dir in der Klausur das Ge-nick brechen:
  www.studienscheiss.de/fehler-lernen-klausur/

- ✔ 7 Anzeichen, dass dein Lernpartner Gift für dich ist:
  www.studienscheiss.de/anzeichen-lernpartner-gift/

- ✔ 11 Wege, wie du mit passivem Lernen über eine Stunde pro Tag etwas für dein Studium tun kannst:
  www.studienscheiss.de/passiv-lernen-studium/

- ✔ So kannst du die perfekte Zusammenfassung zum Lernen schreiben – eine Anleitung für Faule:
  www.studienscheiss.de/zusammenfassung-schreiben-lernen/

- ✔ So baust du dir die perfekte Eselsbrücke fürs Lernen:
  www.studienscheiss.de/eselsbruecke-lernen-studium/

- ✔ Wie du mit der Pomodoro-Technik an einem einzigen Tag mehr schaffst, als sonst in einer ganzen Woche:
  www.studienscheiss.de/pomodoro-technik/

☑ Checkliste

☐ Lernstrategien recherchiert und gecheckt

☐ Lernplan aufgestellt

☐ Reines Auswendiglernen überdacht

☐ Fünf eigene Anwendungsbeispiele überlegt

☐ Lernpartner gefunden/Lerngruppe gegründet

☐ Lernsession in Etappen eingeteilt

☐ Mini-Zusammenfassung geschrieben

☐ Drei Maßnahmen zum Lernen festgelegt

☐ Eigene Eselsbrücke gebaut

☐ Passives Lernen ausprobiert

✏️ Notizen

Prüfungen

#51 Nimm jede Prüfung ernst!

Egal, wie gut dein Semester bisher lief: Sobald deine Prüfungen anstehen, werden die Karten neu gemischt – und das in jedem Semester. Es spielt keine Rolle mehr, ob deine Vorlesungen gut verlaufen sind, der Professor deine Hausarbeit toll fand oder du im Praktikum gut abgeschnitten hast. Wenn du deine Prüfungsphase nicht erfolgreich hinter dich bringst, leidet ein ganzes Studienjahr. Wenn du etwas Zählbares mitnehmen willst, musst du deine Prüfungen gut bestehen. Aber das wird dir nur gelingen, wenn du sie ernst nimmst – und zwar jede Einzelne. Höre nicht darauf, wenn dir ältere Kommilitonen von dieser und jener „einfachen" Klausur berichten; verlasse dich nicht auf solche Erfahrungsberichte. Denn sobald du eine Prüfungsleistung unterschätzt und nur im Schongang dafür lernst, hast du den Kampf schon verloren und wirst später die Quittung dafür bekommen.

Versteh mich nicht falsch: Selbstbewusstsein ist wichtig. Aber Selbstüberschätzung bricht dir das Genick. Im Studium und im ganzen Leben. Natürlich musst du an dich glauben und deine Aufgaben voller Selbstvertrauen in Angriff nehmen, doch wenn du dabei überheblich bist und deine Fähigkeiten überbewertest, schadest du dir selbst. Begehe niemals den Fehler und nimm eine Prüfung oder gar eine ganze Prüfungsphase auf die leichte Schulter. Unterschätze deine Herausforderungen im Studium nicht, sondern begegne jeder Situation mit dem nötigen Respekt und der erforderlichen Professionalität.

☆ To-do

✔ Mach dir klar, dass jede Prüfung wichtig ist und unterschätze niemals deine Prüfungsphase!

#52 Plane deine Prüfungsphase so früh wie möglich!

Die Prüfungsphasen vieler Studenten laufen chaotisch ab. Dabei würde eine kurze Planung für deutlich mehr Ruhe sorgen und den Prüfungsstress erheblich reduzieren. Wenn du nur einen Bruchteil deiner Zeit in die Planung investierst, wird deine ganze Klausurvorbereitung deutlich produktiver und deine Leistungsfähigkeit steigt erkennbar an. Nimm dir eine halbe Stunde Zeit und mach dir Gedanken darüber, wie du deine Vorbereitung sinnvoll angehen kannst.

Wenn du weißt, was in deiner Prüfungsvorbereitung zu tun ist und auf was du alles achten musst, verzettelst du dich nicht und behältst den Überblick. Du schaffst Orientierung und Struktur. Und diese Grundlage gibt dir Sicherheit und eine solide Basis. Oder etwas martialischer: Nur, wenn du deinen Feind (Prüfung) genau analysierst und dir einen Plan zurechtlegst, kannst du ihn besiegen (möglichst gut bestehen). Wichtig ist dabei, dass du realistisch und übersichtlich planst. Schau dir an, wann du welche Klausur schreibst und erstelle dir eine Übersicht. Dann sichte die Lernmaterialien, lege dir diese zurecht und überlege dir, wie viel Zeit du für die Vorbereitung der einzelnen Prüfungen benötigst. Erstelle einen Stundenplan für die gesamte Klausurphase. Frage dich: Wann lerne ich was? Selbst dann, wenn du schon mitten in deinem Prüfungszeitraum bist, ist es nicht zu spät mit der Planung anzufangen. Plane einfach die noch anstehenden Klausuren.

☆ **To-do**
  - ✔ Plane deine nächste Prüfungsphase!

#53 Fang nicht zu spät mit der Prüfungsvorbereitung an!

Der wahrscheinlich häufigste Fehler, den Studenten machen: Sie setzen die Prüfungsvorbereitung viel zu kurz an. Entweder beginnen sie zu spät mit dem Lernen oder sie unterschätzen den Stoffumfang so krass, dass kaum noch Zeit bleibt, um alle Inhalte vernünftig zu wiederholen. Verschaffe dir deswegen rechtzeitig im Semester einen Überblick, über den Lernumfang und den Arbeitsaufwand. Dann kannst du zeitliche Engpässe früh erkennen und Schwierigkeiten vermeiden. Fange so früh wie möglich an, Informationen zu sammeln und lege dir schon weit vor deiner eigentlichen Vorbereitungsphase einen Plan zurecht. Wenn du früh genug anfängst und deine Vorbereitung kontinuierlich im Hinterkopf hast, wird dich nichts mehr überraschen – und stressen.

Selbst dann, wenn in diesem Szenario Probleme auftreten und du deine Prüfungsvorbereitung anpassen musst, hast du immer noch genug Zeit, um angemessen darauf zu reagieren. Wenn du dir allerdings zu spät Gedanken machst, wirst du hektisch und leistest dir blöde Flüchtigkeitsfehler. Du lernst dann nur oberflächig (weil keine Zeit für Details bleibt) und musst Themen weglassen oder auf wichtige Wiederholungen verzichten. Kurzfristig kannst du damit Erfolg haben – langfristig wird diese „Strategie" jedoch dazu führen, dass deine Noten schlechter werden und dein Stresslevel vor den Prüfungen ansteigt.

☆ **To-do**

✔ Setze deine Prüfungsvorbereitung nicht zu kurz an und plane ausreichend Zeit für Wiederholungen und Detailarbeit ein!

#54 Mach den Härtetest!

Eine Prüfungsvorbereitung, die nur daraus besteht, dass du Inhalte zusammenfasst, Texte durchliest und Übungsaufgaben zusammen mit der Musterlösung bearbeitest, ist keine Prüfungsvorbereitung. Es ist Heuchelei. Wenn du dich richtig auf deine Prüfung einstimmen möchtest, musst du eine vergleichbare Situation simulieren – und dich dieser stellen. Du musst dich einem Härtetest unterziehen und unter prüfungsähnlichen Bedingungen deine Leistung abrufen. Nur so bist du für den Ernstfall gewappnet und kannst deinen Vorbereitungsstand bewerten.

Plane deshalb zum Ende jeder Prüfungsvorbereitung – am besten ein paar Tage vor der eigentlichen Prüfung – eine Generalprobe ein, in der du dich selbst forderst und an deine Grenzen bringst. Beantworte dazu mögliche, bisher unbekannte Prüfungsfragen, springe schnell zwischen den Themen hin und her, suche neue Anwendungsbeispiele und arbeite unter Zeitdruck. Je unangenehmer die Rahmenbedingungen sind, desto näher bist du an deiner wirklichen Prüfung. Und desto wahrscheinlicher wirst du später Erfolg haben. Betrüge dich bei diesem Härtetest nicht selbst: Wenn du an einer Stelle nicht weiterkommst oder Schwierigkeiten mit einem bestimmten Thema oder einer Aufgabenart hast, musst du genau an diesen Schwachstellen ansetzen und deine Defizite ausbügeln.

☆ To-do

- ✔ Plane zum Ende deiner Prüfungsvorbereitung einen Härtetest ein und stelle dein Wissen vor der eigentlichen Prüfung selbst auf die Probe!

#55 Schreibe einen Spickzettel – benutze ihn aber nicht!

Spickzettel haben einen schlechten Ruf: Sie sind unfair, riskant und werden nur von schlimmen Betrügern oder irgendwelchen faulen Säcken eingesetzt. Richtig? Nicht ganz. Natürlich nutzen einige Studenten Spickzettel dazu, um sich in der Prüfung einen unfairen Vorteil zu verschaffen. Aber die kleinen Gedächtnisstützen können mehr. Dein Spickzettel muss nämlich nicht die Rolle des illegalen Hilfsmittels einnehmen – er kann zu deinem besten Lernassistenten werden. Aber nur, wenn du ihn richtig verwendest. Und das geht so: Schreibe für deine nächste Prüfung den besten, präzisesten und umfangreichsten Spickzettel, den du jemals erstellt hast. Fasse wirklich alles Relevante für deine Prüfung auf engstem Raum zusammen; verdichte den Stoff so gut es geht. Sieh dir den Spickzettel gut an, nimm ihn mit zur Prüfung – aber benutze ihn nicht, wenn es ernst wird.

Mach alles, was zum Spicken dazu gehört, aber verzichte auf den letzten Schritt und betrüge nicht. Damit nutzt du die ganze Lernpower, die im Spickzettelerstellen liegt, denn beim Schreiben hast du nur wenig Platz zur Verfügung. Das heißt für dich: Du musst dich zwangsläufig auf die wichtigsten Punkte konzentrieren und alles andere weglassen. Nebensächlichkeiten und Füllinformationen haben auf deinem Spickzettel nichts zu suchen. Dadurch kreierst du zwangsläufig eine Übersicht mit den wichtigsten Infos, die du für deine bevorstehende Prüfung wissen musst, ohne Ablenkungen und überflüssiges Blabla.

☆ **To-do**

✔ Erstelle einen Spickzettel für deine nächste Klausur! Lerne mit ihm, aber benutze ihn später nicht!

#56 Gehe niemals müde in eine Prüfung!

Besonders während deiner Prüfungsphase ist es wichtig, dass du ausreichend Schlaf bekommst. Doch es wird Tage in deinem Studium geben, an denen du genau darauf verzichten musst. Anstatt dich morgens nochmal umzudrehen, wirst du aufstehen müssen, um rechtzeitig zum Treffen mit deiner Lerngruppe zu kommen; anstatt abends pünktlich ins Bett zu huschen, wirst du am Schreibtisch bleiben, um noch die letzten Definitionen für die nächste Prüfung zu lernen. Hin und wieder ist das okay – achte nur darauf, dass dein Schlafmangel kein Dauerzustand wird.

Schlaf ist eines der kostbarsten Güter von Studenten, die ihr Studium ernst nehmen. Für viele ist Schlaf Luxus – dabei ist er die Grundlage für eine hohe Leistungsfähigkeit. Wenn du mehr schläfst, dann schaffst du mehr. Auch wenn Schlafmangel irgendwie „cool" geworden ist und jeder damit angibt, wie wenig er letzte Nacht geschlafen hat: Schlafmangel macht dich unproduktiv und unglücklich. Wenn du dauerhaft unausgeschlafen am Schreibtisch sitzt und lernst, dann ist das so, als ob du betrunken lernen würdest. Und betrunkene Menschen können sich erfahrungsgemäß nicht so gut Informationen merken oder komplizierte Zusammenhänge verstehen. Müde lernen ist nicht fleißig – es ist dumm. Besonders dann, wenn in wenigen Stunden die nächste Prüfung auf dich wartet.

☆ To-do

- ✔ Mach dir klar, dass Schlafmangel gefährlich ist und deinen Prüfungserfolg nachhaltig verschlechtern kann! Gehe heute eine Stunde früher ins Bett!

#57 Bleib ruhig!

Schwitzige Hände, nervöses Augenzucken, Nervenkitzel pur: Prüfungsphase. In diesem Zeitraum des Semesters ändert sich die emotionale Grundstimmung jedes Studenten. Egal, ob beim Planungsfreak, bei dem die anstehenden Prüfungen schon seit Wochen auf dem Zettel stehen oder beim Gelegenheitsstudenten, der bisher entspannt in den Tag hineingelebt hat. Wenn die Prüfungsphase an die Tür klopft, ist Schluss. Schluss mit lustig. Und vor allem: Schluss mit dem kühlen Kopf. Prüfungsphase bedeutet bei fast allen Studenten Hektik. Hektik und Stress. Und diese Kombination killt deinen Erfolg. Ja, etwas Druck und Adrenalin fördern deine Leistungsfähigkeit und sorgen dafür, dass du deine beste Performance abliefern kannst. Aber zu viel davon blockiert dich und ist alles andere als hilfreich.

Die wichtigste Regel für eine erfolgreiche Prüfungsphase lautet daher: Bleib ruhig! Es sind nur zwei kleine Worte – doch sie entscheiden über Erfolg oder Misserfolg. Schaffst du es, ruhig zu bleiben, kannst du dein volles Potenzial ausschöpfen; gelingt es dir nicht, bleibst du immer unter deinen Möglichkeiten – egal, wie viel du vorher gelernt hast. Auch wenn es dir schwerfällt und dich etwas Übung und Überwindung kosten wird, ist diese Regel der vielleicht wichtigste Schlüssel für mehr Glück und Zufriedenheit in deinem Studium. Besonders dann, wenn du schnell nervös wirst und dich von Selbstzweifeln überraschen lässt, lohnt es sich, wenn du das Ruhigbleiben trainierst und dir die Vorteile dieser einfachen Grundregel immer wieder vor Augen führst.

☆ To-do

✔ Trainiere das Ruhigbleiben und bereite dich darauf vor, in der Prüfungsphase einen kühlen Kopf zu behalten!

#58 Schiebe eine Prüfung (aber nur, wenn es nicht anders geht)!

Irgendwann kommt jeder Student an den Punkt, an dem er sich fragt: „Soll ich die Prüfung wirklich mitschreiben? Ich könnte sie abmelden – nur dieses eine Mal." Doch solche Situationen sind trügerisch, weil du bei jeder Klausurvorbereitung mehr oder weniger überfordert sein wirst und dich fragst, ob du der Aufgabe gewachsen bist. Aber Zweifeln gehört zum Studieren dazu. Wir alle zweifeln, vergleichen uns mit anderen, finden uns nicht gut genug. Dieses Hinterfragen darf dich nicht bremsen. Nur, weil du zweifelst, darfst du deine Klausur nicht abmelden. Du musst dich durchbeißen. Doch es gibt Situationen, in denen Durchbeißen nur Energieverschwendung ist. Dann ist es schlauer von dir, wenn du aufgibst und deine Prüfung schiebst.

Manchmal macht es einfach keinen Sinn, die Klausur mitzuschreiben und mit offenen Augen ins Verderben zu rennen. Zum Beispiel, wenn du ernsthaft krank bist, aktuell große persönliche Probleme hast oder offensichtlich viel zu spät mit dem Lernen angefangen hast. Aber: Eine Prüfungsabmeldung ist keine Sache, die du leichtfertig beschließen solltest, nur weil es dir gerade so gut passt. Wenn du dich von einer Prüfung abmeldest, ist das eine folgenschwere Entscheidung für dein Studium und kann dich in einen blöden Abwärtsstrudel reißen. Setze eine Prüfungsabmeldung deshalb strategisch ein und wäge gründlich ab, welche Vor- und Nachteile für dich entstehen.

☆ To-do

✔ Informiere dich darüber, wie du eine Prüfung abmelden kannst, damit du für den Notfall bereit bist!

#59 Gehe zur Klausureinsicht!

Nachdem dein Prüfungsergebnis veröffentlicht wurde, kannst du dir im Rahmen einer Klausureinsicht deine geschriebene Klausur samt Korrektur und Bewertung ansehen. Dazu steht dir ausreichend Zeit zur Verfügung, damit du die Lösungswege und die Bewertung deiner Prüfung nachvollziehen kannst. Eigentlich ganz einfach. Allerdings kann so eine Klausureinsicht sehr unterschiedlich organisiert sein. Der Ablauf wird dabei meist von dem jeweiligen Lehrstuhl bestimmt und orientiert sich an der Grundausrichtung deiner Fakultät. Das heißt konkret: Während in der einen Klausureinsicht interaktiv mit dem Aufsichtspersonal verhandelt und diskutiert werden darf, sind Unterhaltungen in der anderen Einsicht streng verboten. Anmerkungen zur Korrektur oder Bewertung können dann nur schriftlich abgegeben werden.

Generell gilt aber: Gehe zu jeder Klausureinsicht, denn: Bei der Korrektur von Prüfungen passieren viele Fehler. Wenn du nicht zur Klausureinsicht gehst und die Bewertung deiner Prüfung unter die Lupe nimmst, lässt du wertvolle Punkte liegen, die deine Klausurnote maßgeblich beeinflussen können. Besonders die folgenden Korrekturfehler solltest du auf dem Zettel haben: Punkte falsch zusammengezählt, (Teil-) Aufgabe übersehen, Folgefehler nicht berücksichtigt, alternativer Lösungsweg nicht bewertet, Antwortspielraum nicht beachtet. Wenn du diese Fehlerquellen im Blick hast und deine Klausur strukturiert und klug überprüfst, wirst du dich regelmäßig über zusätzliche Punkte freuen können.

☆ To-do

✔ Plane für jede Prüfung, die du ablegst, eine Klausureinsicht und merke dir die entsprechenden Termine vor!

#60 Lerne aus deinen Prüfungen!

Nach der Klausur ist vor der Klausur. Oder anders gesagt: Dein Studium besteht vom Anfang bis zum Ende aus Prüfungen. Statistisch gesehen schreiben Studentinnen und Studenten in Deutschland im Schnitt fünf bis sieben Klausuren pro Semester oder legen andere Prüfungsleistungen ab – das ist ganz schön sportlich. Wenn du diese Herausforderung meistern und mit guten Noten abschneiden möchtest, musst du produktiv und clever lernen. Und dazu musst du deine Klausurvorbereitung effizient und erfolgsorientiert ausrichten. Damit sie das wird, darfst du eine Sache nicht vernachlässigen: Die Analyse deiner letzten Vorbereitung! Nur so kannst du aus Fehlern lernen und Erfolgsstrategien für die Zukunft ableiten. Und dabei ist es egal, ob du gerade im ersten Bachelorsemester studierst oder dich im vorletzten Semester deines Masterstudiums befindest.

Dazu reicht es, wenn du eine ganz einfache Erfolgsbetrachtung daraus machst und dich fragst: Was lief gut und was lief schlecht? Dieser Ansatz ist oft schon ausreichend, um grundlegende Fehler aufzudecken, Verbesserungspotenziale aufzuzeigen und Konzepte zu finden, die bei dir gut funktioniert haben. Folgende Überlegungen helfen dir dabei: Hattest du genug Zeit zum Lernen? Wie war dein Plan für die Prüfungsphase? Ist er aufgegangen? Hast du das Richtige gelernt? Hast du effizient genug gelernt? Hattest du eine Lerngruppe? Wie hat die Arbeit funktioniert? Versuche aus jeder Prüfungsphase etwas zu lernen, um es im nächsten Semester besser zu machen.

☆ **To-do**

- ✔ Lege drei Kontrollfragen fest, um deine nächste Prüfungsphase im Nachhinein zu analysieren!

💡 Lesetipps

✔ Die wichtigste Regel für eine erfolgreiche Prüfungsphase:
www.studienscheiss.de/regel-erfolgreiche-pruefungsphase/

✔ Klausurphase: So kommst du clever durch den Prüfungs-zeitraum:
www.studienscheiss.de/klausurphase-tipps/

✔ Wann du deine Prüfung lieber abmelden und schieben solltest:
www.studienscheiss.de/pruefung-abmelden-schieben/

✔ Klausureinsicht: 13 Tipps für mehr Erfolg:
www.studienscheiss.de/klausureinsicht-tipps/

✔ Die 5 häufigsten Korrekturfehler, auf die du in der Klausu-reinsicht unbedingt achten musst:
www.studienscheiss.de/korrekturfehler-klausureinsicht/

✔ 3 Dinge, die du aus deiner letzten Klausurvorbereitung für die Zukunft lernen kannst:
www.studienscheiss.de/klausurvorbereitung-zukunft-lernen/

✔ Wie du für deine Prüfungen lernst und trotzdem glücklich bleibst:
www.studienscheiss.de/pruefungen-lernen-gluecklich/

☑ Checkliste

☐ Wichtigkeit der Prüfungsphase erkannt

☐ Prüfungsvorbereitung geplant

☐ Genug Zeit für die Prüfungsvorbereitung eingeplant

☐ Härtetest vor der Prüfung eingeplant

☐ Spickzettel geschrieben

☐ Verstanden, dass Müdigkeit die Note runterzieht

☐ Ruhigbleiben trainiert

☐ Informationen zur Prüfungsabmeldung gesammelt

☐ Klausureinsicht eingeplant

☐ Kontrollfragen formuliert

✏ Notizen

Bürokratie

#61 Lies deine Prüfungsordnung!

Stell dir dein Studium als ein großes Gesellschaftsspiel vor, bei dem es darum geht, dass du und deine Kommilitonen einen Uniabschluss schaffen. Im Laufe der Zeit müssen Aufgaben gelöst (Klausuren) und Punkte gesammelt (Credit Points) werden. Am Ende, wenn du genug Punkte eingesammelt hast, stehst du vor dem Endgegner (Abschlussarbeit) und kämpfst für deinen Abschluss. Damit alles mit fairen Mitteln zugeht und niemand schummelt, braucht man jetzt nur noch eines: Spielregeln. Und genau diese Spielregeln werden von deiner Prüfungsordnung abgebildet. Zwar etwas trocken und an manchen Stellen unnötig kompliziert – aber es bleiben Spielregeln.

Deine Prüfungsordnung ist für dich das wichtigste Dokument im ganzen Studium. Das heißt für dich: Wenn du klug bist und einigermaßen smart studieren möchtest, solltest du deine Prüfungsordnung lesen und deren Inhalt kennen. Egal ob du in einen Bachelor-, Master-, Magister- oder Diplomstudiengang eingeschrieben bist; ganz gleich ob du Jura, Mathe, Maschinenbau, BWL oder auf Lehramt studierst: Deine Prüfungsordnung gibt die Rahmenbedingungen deines Studiums vor. Sie bildet das prüfungsrechtliche Gerüst deines Studiengangs und legt die Regeln fest, nach denen du studierst. Nur wenn du deine Prüfungsordnung kennst, bist du in der Lage dein Studium sinnvoll zu planen und vermeidest überflüssigen Ärger.

☆ To-do

- ✔ Lade die aktuelle Version deiner Prüfungsordnung von der Website deiner Hochschule herunter und lies sie dir durch!

#62 Behalte wichtige Fristen und Termine im Blick!

In jedem Semester gibt es wichtige Fristen und Termine, die du nicht vergessen darfst: Vorlesungsbeginn, Anmeldezeitraum für Prüfungen, Bewerbungsfristen für Auslandssemester und Stipendien, BAföG-Anträge, Klausurtermine und Rückmeldefristen. Die Liste ist lang und mit der Anzahl wichtiger Stichtage und Deadlines steigt die Wahrscheinlichkeit, dass dir einer dieser Termine durch die Lappen geht – doch das darf nicht passieren!

Wenn du erfolgreich studieren möchtest, musst du deine Termine im Blick haben. Nimm dir deswegen vor jedem neuen Semester eine Viertelstunde Zeit, sammle wichtige Fristen und Deadlines und stelle eine Übersicht zusammen. Stimme dich mit deinen Kommilitonen ab und trage jeden einzelnen Termin in deinen Kalender ein oder schreibe ein Erinnerungs-Post-it. Ohne einen Terminplan studierst du ziellos vor dich hin. Wenn du fahrlässig wichtige Fristen verpasst, stellst du dir selbst ein Bein und wirst niemals deine beste Leistung bringen können. Du bleibst ständig hinter deinen Möglichkeiten zurück und lässt dir Gelegenheiten entgehen, die du mit einer einfachen Terminübersicht nutzen könntest.

☆ To-do

✔ Sammle alle wichtigen Semestertermine und erstelle eine Übersicht aller Fristen! Diskutiere deine Auswahl mit deinen Kommilitonen und trage die Termine in deinen Kalender ein!

#63 Vermeide Fehler bei deinen Prüfungsanmeldungen!

Jeder macht Fehler. Niemand ist perfekt. Fehler gehören zum Leben dazu und sind im Prinzip nicht so tragisch. Aber wenn du im Studium an der falschen Stelle Mist baust, kann das fatale Auswirkungen haben. Damit sind nicht nur Fehler beim Lernen oder in der Klausur gemeint, sondern vor allem: Fehler bei der Prüfungsanmeldung. Unibürokratie pur, aber essentiell für deinen Studienerfolg. Jedes Modul, jede Vorlesung, jedes Seminar und auch jede Prüfung muss von dir angemeldet werden. Entweder online oder klassisch auf Papier.

Meldest du deine Prüfung nicht oder falsch an, darfst du deine Prüfung nicht absolvieren und musst mindestens ein Semester (manchmal sogar zwei!) warten. Doch obwohl diese Anmeldungen so wichtig sind, passieren genau dabei unglaublich viele Fehler: Viele Studenten vergessen die Prüfungsanmeldungen schlichtweg, melden falsche Teilprüfungen an, übersehen Anmeldefristen, wählen eine falsche Prüfungsform, melden zu viele Prüfungen an oder bestimmen das falsche Prüfungsdatum. Informiere dich deswegen frühzeitig über den aktuellen Anmeldeprozess und kontrolliere danach deine Prüfungsanmeldungen. Gehe an dieser Stelle auf Nummer sicher und vermeide fiese Formfehler – sie könnten dich ein ganzes Semester kosten.

☆ To-do

- ✔ Informiere dich über das korrekte Verfahren zur Prüfungsanmeldung und vermeide Fehler in diesem Prozess! Bitte bei Problemen frühzeitig deine Hochschule oder Kommilitonen um Hilfe, achte auf wichtige Fristen und kontrolliere deine Anmeldungen regelmäßig!

#64 Lerne die Struktur deiner Hochschule kennen!

Für viele Studenten wirkt ihre Hochschule wie eine große, undurchsichtige Black Box: Vorne kommen Studenten rein, hinten fertige Akademiker raus. Doch so einfach funktioniert das Ganze nicht. Deine Hochschule ist ein komplexes Gebilde und ähnlich wie ein Konzern aufgebaut – mit unterschiedlichen Bereichen, Abteilungen und Arbeitsgruppen. Diese Strukturen wirken auf den ersten Blick komplex und führen schnell zu Verwirrung. Besonders, da die Organisationseinheiten spezielle Namen haben: Fakultät, Institut, Fachgruppe, Dekanat, Senat, Hochschulrat, Lehrstuhl, Prüfungsamt, Rektorat, International Office und so weiter.

Bei diesem Wirrwarr an Organisationsstrukturen schalten viele Studenten ab – doch wenn es dir gelingt, den grundsätzlichen Aufbau deiner Hochschule zu verstehen, hat das einen großen Vorteil für dich: Du behältst die Übersicht. Und: Du verstehst, welche Stellen Einfluss auf deinen Studienerfolg haben und kannst diese Prozesse mit etwas Geschick beeinflussen. Versuche deshalb die Grundstruktur deiner Hochschule zu verstehen und lerne zumindest die Unieinrichtungen kennen, die im Laufe deines Studiums wichtig für dich werden könnten.

☆ **To-do**

- ✔ Finde heraus, welche Einrichtungen deiner Hochschule wichtig für dich sind und erstelle eine Liste mit relevanten Anlaufstellen! Versuche danach, deine Hochschule in einem einfachen Organigramm abzubilden!

#65 Nutze die Beratungsangebote deiner Hochschule!

Mensa und Bibliothek kennt jeder. Aber wie sieht es mit Prüfungs-ausschuss, Studentenwerk und Studienberatung aus? Einige Unieinrichtungen gehen im hektischen Tagesgeschäft unter und werden leicht übersehen. Entweder, weil du sie nicht dringend brauchst oder gar nicht weißt, welche Stellen es an deiner Hoch-schule gibt. Doch genau durch dieses Unwissen schlittern viele Studenten von einer Studienbaustelle zur nächsten. Nicht, weil sie schlecht oder gar dumm sind, sondern weil sie nicht wissen, wer ihnen an der Hochschule weiterhelfen kann.

Damit dir so etwas nicht passiert, solltest du so früh wie möglich die Beratungsangebote deiner Hochschule finden – und nutzen. Informiere dich darüber, welche Angebote es an deiner Uni gibt und finde heraus, welche Einrichtungen interessant für dich sind. Beispiele gefällig? Sieh dir auf jeden Fall deine Studienberatung, den Prüfungsausschuss zu deinem Studiengang, das Studenten-werk, den AStA und deine Fachschaft genauer an. Bei dringenden Problemen können dir diese Institutionen mit hoher Wahrscheinlich-keit weiterhelfen.

☆ To-do

- ✔ Finde heraus, welche Beratungsangebote deine Hoch-schule für dich bereitstellt! Verschaffe dir zuerst einen Überblick und nimm dann mindestens eine Beratung in Anspruch!

#66 Informiere dich über deinen Prüfungsausschuss!

Spätestens, wenn du zum ersten Mal eine Klausuranmeldung vergisst, dein Attest zu spät einreichst oder zeitliche Probleme bei deiner Abschlussarbeit hast, wirst du merken, wie umständlich und verworren die Verwaltung deiner Hochschule ist. Sobald du eine Prüfungsordnung wechseln musst oder einen Hauch Individualität in deinen starren Studienverlauf bringen möchtest, siehst du deine Uni nicht mehr als Ort der geistigen Freiheit, sondern vielmehr als engstirnige Verwaltungsbehörde. Dann brauchst du Hilfe. Du brauchst deinen Prüfungsausschuss.

Ein Prüfungsausschuss ist ein Hochschulgremium und für die Verwaltung und Koordination eines Studiengangs zuständig. Diese Runde setzt sich aus Professoren, Hochschulmitarbeitern und Studenten zusammen und entscheidet über prüfungsrechtliche Fragestellungen oder Probleme. Ganz konkret hat der Prüfungsausschuss also die Aufgabe, den Ablauf aller Prüfungen in deinem Studiengang zu gewährleisten. Die Prüfungsordnung ist dabei die gesetzliche Grundlage und gibt vor, wie das Kontrollgremium zu entscheiden hat. In vielen Situationen gibt es allerdings Entscheidungsspielraum. Und diesen solltest du kennen und bei Problemen deinen Prüfungsausschuss um Hilfe bitten.

☆ To-do

✔ Informiere dich über die Arbeit deines Prüfungsausschusses! Finde Ansprechpartner und die nächsten Sitzungstermine heraus!

#67 Stelle einen Antrag an den Prüfungsausschuss!

Bei bürokratischen oder rechtlichen Problemen im Studium ist dein Prüfungsausschuss dein erster offizieller Ansprechpartner an der Hochschule. Nach der Kontaktaufnahme und einer kurzen persönlichen Abstimmung, musst du in der Regel einen schriftlichen Antrag stellen, in welchem du dein Problem beschreibst, eine Lösungsmöglichkeit beantragst und dazu eine starke Begründung lieferst. Erst dann beschäftigt sich das Gremium mit deinem Anliegen und kann dir helfen.

Für sämtliche formale Probleme während deiner Unilaufbahn, solltest du diese Möglichkeit auf dem Schirm haben. Denn im Schnitt kommt jeder Student im Laufe seines Studiums mindestens einmal mit nerviger Unibürokratie in Berührung und stellt sich die Frage: „Wie zur Hölle schreibe ich so einen Antrag und was muss da alles rein?". Obwohl das Verfassen eines Antrags an den Prüfungsausschuss keine komplizierte Sache ist, stellt dieser Schritt viele Studenten vor eine große Herausforderung. Ein strukturiertes Vorgehen, eine klare Antragsgliederung und die Orientierung an Vorlagen oder Best Practices deiner Hochschule können dir die Arbeit erleichtern und die Aussichten auf einen positiven Antragsbescheid verbessern.

☆ **To-do**

✔ Finde heraus, ob dein Prüfungsausschuss Vorlagen oder Bearbeitungshinweise für Anträge bereitstellt und behalte diese Möglichkeit für Problemfälle im Hinterkopf!

#68 Stelle einen BAföG-Antrag!

Das Bundesausbildungsförderungsgesetz (kurz: BAföG) regelt die staatliche Unterstützung für die Ausbildung von Schülern und Studenten in Deutschland. Der Bund macht Geld locker und verleiht es an junge Menschen, die sich damit eine bessere Ausbildung finanzieren können – eine schöne Sache. Der entsprechende Förderbetrag wird umgangssprachlich als „BAföG" bezeichnet und steht erst einmal jedem Bildungsempfänger gleichermaßen zu. Das heißt: Grundsätzlich kann jeder BAföG beantragen – es traut sich nur kaum jemand.

Das Problem ist: Das schriftliche Beantragungsverfahren ist unglaublich bürokratisch, kompliziert und langwierig. Viele Studenten geben nach den ersten zehn Formularseiten genervt auf und verzichten lieber auf die Förderung, anstatt sich weiter durchzubeißen. Außerdem können die Fördersätze (je nach eigener und familiärer Situation) sehr gering ausfallen, sodass der letztendliche Geldbetrag in keinem Verhältnis zum Aufwand steht. Hinzu kommt, dass du dein BAföG nach dem Förderzeitraum zurückzahlen musst. Zwar nur teilweise und in der Regel zinslos – aber du musst etwas zurückzahlen. Dennoch ist diese Förderung eine tolle Möglichkeit, deine finanzielle Situation als Student aufzubessern. Durch eine kleine BAföG-Geldspritze musst du weniger kostbare Zeit für Nebenjobs einsetzen und kannst dich stärker auf dein Studium konzentrieren.

☆ **To-do**

✔ Stelle einen BAföG-Antrag! Informiere dich darüber, welche Förderungssätze für dich in Frage kommen und arbeite dich dann durch die Antragsunterlagen – nutze dazu die Hinweise aus den Lesetipps am Ende des Kapitels!

#69 Beantrage ein Stipendium!

Wenn du dich fürs Studieren bezahlen lassen möchtest, solltest du darüber nachdenken, ein Stipendium zu beantragen. Dazu musst du weder hochbegabt sein, noch über Unmengen an Vitamin B verfügen – es reicht, wenn du dich für eine passende Förderung bewirbst und im Auswahlverfahren eine gute Figur machst. Viele Organisationen, Stiftungen und Unternehmen fördern junge Studenten und haben dafür beachtlich viel Geld zur Verfügung. Trotzdem trauen sich viele junge Menschen diesen Schritt nicht zu, weil sie entweder nichts von den fast 2.000 verschiedenen Stipendienprogrammen in Deutschland wissen oder sich für „nicht gut genug" halten.

Doch Unwissen und falsche Bescheidenheit bringen dich hier nicht weiter. Erstens kannst du dich mit wenigen Klicks online auf unzähligen Stipendienportalen informieren und in Sekundenschnelle passende Ansprechpartner herausfinden; zweitens gibt es deutschlandweit einen massiven Bewerbermangel. Einziger Nachteil: Der Antrag für ein Stipendium hängt oft mit zähen Bewerbungsprozessen zusammen und kostet Zeit. Damit du das berücksichtigen kannst und nicht mitten im Semester Stress bekommst, solltest du bereits in der Semestervorbereitung klären, wann Termine oder Fristen für dein Stipendiatenprogramm anstehen.

☆ To-do

✔ Recherchiere nach geeigneten Stipendien und sammle mindestens fünf konkrete Alternativen! Erstelle anschließend deine Bewerbungsunterlagen und beantrage eine Förderung!

#70 Lass dir dein Auslandssemester anerkennen!

Ob Spanien, Skandinavien, Amerika oder Australien: Ein Auslandssemester ist für viele Studenten ein zentraler Bestandteil des Studiums. Doch so interessant und spannend dein Trip ins Ausland auch sein mag: Nach der Rückkehr an die heimische Universität sollten die erbrachten Prüfungsleistungen auch für dein Studium anerkannt werden. Ansonsten verlierst du mindestens ein Semester und musst deine Studienzeit verlängern. „Anerkennung von Studienleistungen" heißt die prüfungsrechtliche Beschreibung dieses Vorgehens – und mittlerweile läuft das Verfahren zum Glück an vielen Hochschulen einfach und standardisiert ab.

Trotzdem: Ohne eine vernünftige Planung und Vorgehensweise kann dieser Prozess schnell in Chaos ausarten und unnötig viel Nerven kosten. Wenn an deiner Uni ein gut organisiertes Anerkennungsverfahren existiert (zum Beispiel Datenbanken zur Anerkennung, Online-Antragsverfahren, Mobilitätsfenster oder integrierte Auslandsaufenthalte), solltest du unbedingt von dem Angebot Gebrauch machen. Informiere dich ansonsten bei deinem Prüfungsausschuss und frage ältere Studenten um Rat, die bereits ein Auslandssemester absolviert haben. Beginne mit der Organisation auf jeden Fall vor deinem Auslandsaufenthalt. So lässt du dir alle Möglichkeiten offen und kannst formelle Fehler auf ein Minimum reduzieren.

☆ To-do

✔ Informiere dich darüber, wie die Anerkennung, der im Ausland erbrachten Prüfungsleistungen, an deiner Hochschule abläuft!

💡 Lesetipps

✔ 5 Gründe, warum du deine Prüfungsordnung lesen solltest:
www.studienscheiss.de/pruefungsordnung-lesen/

✔ Diese 7 Semestertermine musst du dir merken:
www.studienscheiss.de/wichtige-semestertermine/

✔ Klausuranmeldung vergessen? Mit diesem Trick kannst du
trotzdem mitschreiben:
www.studienscheiss.de/klausuranmeldung-trick-antrag/

✔ Diese 20 Uni-Einrichtungen musst du kennen:
www.studienscheiss.de/uni-einrichtungen/

✔ 5 Situationen, in denen dir dein Prüfungsausschuss den
Arsch rettet:
www.studienscheiss.de/pruefungsausschuss-retten/

✔ So schreibst du einen Antrag:
www.studienscheiss.de/antrag-schreiben-pruefungsaus-
schuss/

✔ BAföG-Antrag leicht gemacht: Anleitung für Anfänger:
www.studienscheiss.de/bafoeg-antrag-anleitung/

✔ Erfolgreiche Anerkennung von Studienleistungen:
www.studienscheiss.de/auslandssemester-anerkennung/

☑ Checkliste

☐ Prüfungsordnung gelesen

☐ Fristen und Termine in Kalender eingetragen

☐ Prüfungsanmeldungen überprüft

☐ Einrichtungen recherchiert und Organigramm erstellt

☐ Beratungsangebote gesammelt, Kontakt hergestellt

☐ Über Prüfungsausschuss informiert

☐ Über Antragsvorlagen informiert

☐ BAföG-Antrag gestellt

☐ Für ein Stipendium beworben

☐ Informationen zum Auslandssemester gesammelt

✏️ Notizen

Ressourcen

#71 Erschaffe produktive Rahmenbedingungen!

Beim Studieren geht es nicht primär darum, wer am besten lernen kann und das tollste Gedächtnis hat. Es geht um Methoden, um Technik. Doch an dieser Technik arbeiten die wenigsten. Wenn es dir aber gelingt, deinen Alltag so zu gestalten, dass du produktiv und motiviert studieren kannst, kommt der Erfolg irgendwann von ganz alleine. Doch als erstes musst du die Rahmenbedingungen dafür richtig bestimmen; du musst lernen, wie du deine täglichen Ressourcen richtig auswählst und dann bei Bedarf effizient einsetzt. Du musst alle Bereiche deines Studentenlebens im Griff haben und penibel darauf achten, dass alle Zahnräder logisch ineinandergreifen. Gelingt dir das nicht, versinkst du früher oder später im Chaos.

Selbst die intelligentesten und fleißigsten Studenten scheitern an der Uni, weil sie das große Ganze nicht im Blick haben und es nicht schaffen, ihre täglichen Aufgaben so unter einen Hut zu bekommen, dass ein produktives Studium möglich ist. Sie scheitern an sich selbst – nicht, weil sie schlechte Studenten sind, sondern weil sie schlechte Manager sind. Und deshalb musst du mit deinen Ressourcen klug und strategisch umgehen. Teile deine Zeit und Energie so auf, dass du am Ende erfolgreich studieren und ein glückliches Studentenleben führen kannst. Gestalte deinen Alltag so, dass er dir alles liefert, was du für eine hohe Leistungsfähigkeit brauchst und achte gleichzeitig darauf, dass du fit und zufrieden bleibst.

☆ To-do

- ✔ Mach dir klar, welche Ressourcen du für ein erfolgreiches und glückliches Studentenleben brauchst!

#72 Finde den richtigen Ort zum Lernen!

Zusammen mit den Kommilitonen im Lernraum, mucksmäuschenstill in der Bibliothek oder in Jogginghose zu Hause am Schreibtisch: Es gibt unzählige Orte, an denen du lernen kannst. Doch nur, weil du viele Möglichkeiten hast, bedeutet das nicht, dass jede Option gut ist. Deine Lernumgebung muss zu dir passen – und das kann von Situation zu Situation unterschiedlich sein. Es nützt dir gar nichts, wenn du dich zum Lernen in den Garten setzt, dann aber nicht vom Fleck kommst, weil die Umweltgeräusche störend sind und du keinen klaren Gedanken fassen kannst. Genauso wenig bringt dir das Auswendiglernen im Homeoffice etwas, wenn du dich alle fünf Minuten von deinem Smartphone ablenken lässt.

Generell gilt: Der richtige Ort zum Lernen ist dort, wo du am schnellsten die Ziele deiner aktuellen Lernsession erreichst. Und das kann an einem öffentlichen Platz, zu Hause auf dem Sofa oder auch ganz woanders sein. Frage dich zuerst, was du genau für dein Studium tun möchtest und lege dann passende Alternativen fest. Sobald deine Ziele feststehen, kannst du die geeignete Location nach dem Ausschlussverfahren bestimmen: Möchtest du online oder offline lernen? Was für Hilfsmaterial brauchst du? Willst du alleine oder zusammen mit Kommilitonen arbeiten? Wie lang soll deine Lerneinheit dauern? Wichtig ist, dass du dir über die Rahmenbedingungen deiner Lernsession Gedanken machst und deinen Standort entsprechend auswählst.

☆ **To-do**
- ✔ Wähle den passenden Ort für deine nächste Lernsession aus und bestimme mindestens eine Alternative dazu!

#73 Arbeite produktiv im Homeoffice!

Vorlesung vs. Homeoffice. Dieses Duell zieht sich durch dein komplettes Studium. Viele Studenten gehen nur alibimäßig zur Vorlesung – das schlechte Gewissen plagt sie; sie möchten nichts „Wichtiges" verpassen. Generell ist dieser Ansatz sinnvoll, aber nicht immer die beste Option. Alternativ könntest du produktiv zu Hause im Homeoffice arbeiten und etwas anderes für dein Studium tun, anstatt im Hörsaal die Zeit abzusitzen. Ob du Vorlesungsstoff aufarbeitest oder für eine Klausur lernst – Handlungsalternativen für die Zeit am heimischen Schreibtisch gibt es viele. Doch so sinnvoll und angenehm es sein mag, zu Hause zu bleiben und dort zu lernen, so schwierig ist es, dies auch produktiv umzusetzen. Es gibt zu viele Dinge, die dich ablenken und die du gerade lieber tun würdest, als dich mit deinem Studium zu beschäftigen.

Deshalb musst du bei der Arbeit in den eigenen vier Wänden strategisch vorgehen und so effizient wie möglich studieren – denn sonst verschwendest du Zeit und Energie. Plane deswegen deinen Homeofficetag im Voraus und lege konkrete Ziele fest, die du erreichen möchtest. Mach dir klar, dass du arbeiten musst und nicht stundenlang im Internet surfen oder Serien schauen kannst. Lege eine professionelle Einstellung an den Tag und versuche, dich so ernsthaft wie möglich mit den Inhalten deines Studiums zu beschäftigen. Etabliere eine Arbeitsroutine und lasse nicht zu, dass du von deinem Umfeld (Familie, Partner, Mitbewohner) abgelenkt oder gestört wirst.

☆ **To-do**

- ✔ Gehe deine Lerneinheiten im Homeoffice strategisch an und arbeite produktiv!

#74 Versorge dich richtig!

In Phasen hochkonzentrierter Arbeit vergessen viele Studenten alles andere um sich herum: Die Kommilitonen, den Lärm auf der Straße und leider auch wichtige persönliche Grundbedürfnisse. Eine Sache wirkt sich dabei besonders negativ auf die Leistungsfähigkeit aus: zu wenig trinken. Wenn du zu wenig Wasser trinkst, schwindet deine Konzentration und du bist anfälliger für Ablenkungen. Du hemmst deinen Stoffwechsel und erschwerst deinem Gehirn die Arbeit. Ohne Wasser arbeitet dein Körper nicht richtig – und du wirst niemals deine Bestleistung abrufen können. Erinnere dich deswegen regelmäßig daran, deinen Körper mit Flüssigkeit zu versorgen (zum Beispiel, indem du immer ein gefülltes Glas Wasser in Reichweite bereitstellst).

Ähnliches gilt für das Thema Ernährung: Dein Körper wird nur dann über einen langen Zeitraum optimal funktionieren und dir eine konstant gute Performance für dein Studium sichern, wenn du ihn mit dem nötigen Input versorgst. Ohne den richtigen Treibstoff kannst du lange darauf warten, dass deine Lerneinheiten erfolgreich ablaufen und du die Prüfungen mit Bestnoten absolvierst. Viele Studenten vernachlässigen diesen Lebensbereich und schaufeln Fast Food oder ungesunde Pampe in sich hinein, um sich anschließend zu wundern, dass sich ein Leistungstief an das nächste reiht. Ohne eine halbwegs gesunde Ernährung kannst du gar nicht effizient für dein Studium lernen; du bremst dich selbst aus und das, obwohl gesundes Essen (wie zum Beispiel Obst oder Müsli) weder besonders teuer in der Anschaffung, noch besonders aufwendig in der Zubereitung ist.

☆ **To-do**

- ✔ Achte darauf, dass du deinen Körper mit ausreichend Wasser und der richtigen Nahrung versorgst!

#75 Bewege dich!

Für viele Studenten findet ein großer Teil der Arbeit im Sitzen statt: Am Schreibtisch, im Hörsaal, in der Bibliothek. Der Durchschnittsstudent verbringt pro Tag mehr als acht Stunden im Sitzen. Und bei dir wird das nicht viel anders aussehen. Das Problem ist nur: Übermäßiges Sitzen ist nicht gesund. Ganz im Gegenteil: Es schadet dir und macht dich langfristig krank. Und obwohl das schon lange bekannt ist, nehmen viele Menschen diese Gefahr nicht ernst. Zu langes Sitzen kann auf Dauer zu einem Gesundheitsrisiko werden, von dem besonders „Kopfarbeiter" betroffen sind. Achte daher auf genügend Ausgleich und versuche lange Einheiten auf dem Schreibtischstuhl zu vermeiden. Arbeite stattdessen im Stehen, nimm aktive Pausen in deine Arbeitsroutine auf und mach dir bewusst, dass du dir langfristig schadest, wenn du Stunde um Stunde im Sitzen verharrst.

Hinzu kommt: Viele Studenten reden über Sport als sei es Luxus. Dabei ist ausreichend Bewegung kein nettes Add-on – Sport ist ein Muss. Wenn du Sport treibst, dann erhöhst du den Blutgehalt in deinem Gehirn und rate mal, was dann passiert: Dein Gehirn arbeitet besser. Nicht umsonst treiben die erfolgreichsten Menschen der Welt jeden Tag Sport und quälen sich durch ein strenges Workout. Zudem erhöht Sport deine mentale Stärke und Denkgeschwindigkeit – und hilft dir dabei, nicht um 15 Uhr in ein Leistungstief zu fallen. Anstatt also 12 Stunden am Stück zu arbeiten, solltest du zwischendurch Sport treiben. Dazu reichen oft schon ein paar Minuten.

☆ **To-do**

✔ Achte auf ausreichend Bewegung in deinem Studentenalltag! Arbeite zur Abwechslung im Stehen und treibe regelmäßig Sport!

#76 Erstelle hilfreiche Lernunterlagen!

Deine Lernunterlagen sind die wichtigste Grundlage deiner Prüfungsvorbereitung. Deswegen bereiten zehn von zehn Studenten ihre Unterlagen besonders auf. Sie schreiben Zusammenfassungen, sammeln alte Prüfungsaufgaben und legen sich den relevanten Stoff so zurecht, dass sie ihn schnell lernen können. Das Problem ist nur: Deine persönlichen Lernunterlagen sind besonders fehleranfällig, weil du sie in Eigenregie erstellst und selten fertig vorgesetzt bekommst oder mit anderen abstimmst. Deshalb ist es umso wichtiger, dass du ein objektives Gespür dafür entwickelst, wie gut deine eigenen Unterlagen sind.

Achte beim Erstellen deiner Lernunterlagen als erstes darauf, dass dein Material vollständig ist. Denn wenn dir wichtige Inhalte fehlen und deswegen in deiner Prüfungsvorbereitung nicht auftauchen, bekommst du später Probleme. Sobald alles vorliegt, musst du Struktur in deine Unterlagen bringen und aussortieren: Was ist klausurrelevant? Was ist eine Zusatzinformation? Was kann weg? Danach fasst du die Inhalte zusammen und erstellst eine Lernübersicht. Diese sollte optisch ansprechend gestaltet sein und alle wichtigen Informationen beinhalten. Damit deine Lernunterlagen nicht eintönig und damit langweilig werden, kannst du auf Elemente wie Listen, Bilder, Grafiken und eigene Beispiele zurückgreifen. Investiere Zeit und Energie in die Erstellung deiner Lernunterlagen. Wenn du an diesem Punkt die Weichen richtig stellst, wirst du nach deinen Prüfungen dafür belohnt werden.

☆ To-do

- ✔ Erstelle deine eigenen Lernunterlagen und beachte dabei die aufgeführten Qualitätsmerkmale!

#77 Nutze E-Learning!

Unter dem Begriff „E-Learning" werden alle Lernformen zusammengefasst, die durch elektronische oder digitale Medien unterstützt werden. Und: E-Learning ist weiter auf dem Vormarsch. Altmodische Lernkonzepte, die einseitig und isoliert auf dich hereinprasseln, werden immer mehr durch neue, moderne Formen abgelöst – zum Glück! Mit E-Learning ist die Digitalisierung im Bildungssektor endgültig angekommen. Und das obwohl die Deutschen standardmäßig eher zu den Spätzündern gehören, was Digitales und Lehre angeht. Ein paar bekannte E-Learning-Trends wie Gamification, Mobile Learning oder Blended Learning finden bereits konkrete Anwendung. Andere Konzepte wie Augmented Reality oder Big-Data-Anwendungen befinden sich eher noch am Anfang. Dabei ist nur eines wichtig: Du musst diese neuen Formen von Lehre bewusst nutzen! Es reicht nicht, wenn du über die Konzepte Bescheid weißt – du musst sie anwenden. Erst dann kannst du Vorteile daraus ziehen.

Versuche deshalb, einige digitale Konzepte in deinen Studentenalltag einzubinden. Sieh dir Erklärvideos zu studienrelevanten Themen an, nutze Apps, die dich beim Lernen unterstützen oder tausche dich über soziale Medien mit anderen Studenten aus. Nimm an interaktiven Online-Kursen teil oder absolviere Tutorials, die dir den Vorlesungsstoff praktisch näherbringen. Für viele Studienfächer gibt es zudem statische Planspiele oder Online-Simulationen, die einzelne Wissensbereiche spielerisch aufbereiten. Vielleicht bietet deine Hochschule auch einige E-Learning-Anwendungen an, die maßgeschneidert zu deinem Studiengang passen.

☆ **To-do**

- ✔ Informiere dich über E-Learning-Angebote an deiner Hochschule und wende sie an!

#78 Schreibe Tagebuch!

Tagebuchschreiben ist als altmodisch und spießig verschrien. Dabei kann dir ein Tagebuch – in Form eines modernen Erfolgsjournals – dabei helfen, dich besser kennenzulernen und dir über deine Stärken und Schwächen bewusst zu werden. Du wirst zielgerichteter und fokussierter studieren und gleichzeitig glücklicher und zufriedener mit dir sein. Nicht nur im Studium, sondern allgemein in deinem Leben. Das sogenannte Journaling geht weit über das klassische Führen eines Tagebuches hinaus. Während du beim alten Ansatz einfach nur deine Gedanken zusammenfasst, bis du eine Ansammlung wilder Gefühle und Erlebnisse vor dir hast, schreibst du bei dieser modernen Tagebuchmethode nach System und gibst deinen Gedanken Struktur. Dadurch kannst du bewusst Schwerpunkte setzen, bessere Lerneffekte erzielen und negative Stimmungen loswerden.

Dabei gehst du nach den beiden Grundprinzipien „Kritische Analyse des vergangenen Tages" und „Motivation für den neuen Tag" vor und beantwortest schriftlich die folgenden Fragen: Wie war mein Tag? Was ist heute (wichtiges) passiert? Was verlief nicht optimal und warum? Was kann ich in Zukunft besser machen? Was war heute gut? Wofür bin ich dankbar? Nimm dir einfach ein leeres Blatt Papier oder besorge dir einen hübschen Terminkalender und starte einfach drauf los. Nimm dir für jede Frage eine Minute Zeit – danach bist du fertig und hast deinen kompletten Tag mental nachbereitet. Besser kannst du nicht aus der Vergangenheit lernen und deine nachhaltige Entwicklung fördern.

☆ To-do

✔ Wende Journaling an, schreibe einen Tagebucheintrag und beantworte die sechs Zielfragen von oben!

#79 Gib und nimm Nachhilfe!

In deinem Studium sollst du lernen, selbstständig und eigenverantwortlich zu arbeiten. Natürlich stellen dir deine Dozenten alle relevanten Inhalte zur Verfügung und erklären dir den Stoff so gut es geht – doch manchmal reicht das eben nicht. Wenn du selbst nicht weiterkommst, kannst du Nachhilfe in Anspruch nehmen. Nachhilfe kann deine Leistungen im Studium deutlich verbessern und dein Studentenleben aufwerten. In der Regel lohnt sie sich aber nur bei konkreten, sachlichen Problemen, die mit den Studieninhalten zu tun haben. Denn: Nachhilfe ist kein Wundermittel für Probleme im Studium. Besonders dann nicht, wenn diese Probleme mit deiner Organisation, Lernstrategie oder Motivation zu tun haben. Du solltest dich also fragen, an welcher Stelle du tatsächlich Hilfe brauchst und ob du dir nicht selbst oder jemand anderes (Kommilitonen, Tutoren, Professoren, Studienberater) zur Seite stehen kann.

Allerdings kann Nachhilfe auch aus einer anderen Perspektive nützlich für dich sein – nämlich dann, wenn du selbst Nachhilfe gibst: Schlüpfst du in die Rolle des Dozenten und erklärst anderen den Vorlesungsstoff, wirst du die Inhalte zu 99 Prozent nie wieder vergessen. Durch das Unterrichten beschäftigst du dich viel intensiver mit dem Stoff und bereitest dich unterbewusst auf Rückfragen vor. Auf diese Weise förderst du ein tieferes Verständnis und lernst nachhaltiger. Diese Technik kannst du hervorragend in deiner Lerngruppe anwenden und damit gleichzeitig dir und deinen Kommilitonen beim Lernen helfen.

☆ **To-do**

- ✔ Wäge ab, ob du Nachhilfe in Anspruch nehmen solltest und überlege, in welchen Fächern du selbst welche geben kannst!

#80 Baue ein starkes Netzwerk auf!

Als Einzelkämpfer wirst du es an der Uni nicht weit bringen. Wenn du ganz auf dich allein gestellt bist, wirst du niemals so erfolgreich sein wie mit einem starken Netzwerk aus Kommilitonen, Dozenten, guten Bekannten und Freunden. Alleine verzettelst du dich leicht und bleibst mit Sicherheit unter deinen Möglichkeiten. Bei der Prüfungsvorbereitung, im Praktikum und auch später im Berufsleben: Teamplayer und Netzwerker sind gefragt – und: Diese Menschen kommen einfach weiter. Knüpfe daher so viele Kontakte wie möglich und lerne bei jeder Gelegenheit neue Leute kennen. Baue dir ein großes Netzwerk auf und profitiere von dessen Dynamik.

Besonders zum Semesterstart ist es sinnvoll, so früh wie möglich neue Kontakte zu knüpfen und das Adressbuch zu erweitern. Je mehr Leute du kennenlernst, desto höher ist die Wahrscheinlichkeit, dass du bei studientechnischen Problemen Hilfe findest, zu coolen Partys eingeladen wirst oder den Partner fürs Leben triffst. Gleiches gilt auch im Hinblick auf deine spätere berufliche Laufbahn: Beziehungen sind mindestens genauso wichtig wie Knowhow. Je höher du später in deinem Job aufsteigen willst, desto wichtiger wird dein Netzwerk. Darum solltest du so früh wie möglich damit anfangen, deine Kontakte auf- und auszubauen. Dein Studium ist die perfekte Gelegenheit dazu. Denn nirgendwo sonst wirst du so viele angehende Entscheidungsträger aus deiner Branche über einen längeren Zeitraum intensiv kennenlernen.

☆ **To-do**

✔ Nutze dein Studium dazu, um möglichst viele Leute kennenzulernen und dir ein großes Netzwerk aufzubauen – fang heute damit an!

💡 Lesetipps

- ✔ Mit dieser Checkliste findest du den richtigen Ort zum Lernen: www.studienscheiss.de/checkliste-ort-lernen/

- ✔ Studieren im Home Office: Wann es Sinn macht, zu Hause zu bleiben: www.studienscheiss.de/studieren-home-office/

- ✔ 20 studentenerprobte Tipps für mehr Produktivität im Homeoffice: www.studienscheiss.de/produktivitaet-home-office/

- ✔ 13 Fehler, mit denen du deine Lernunterlagen ruinierst (und wie du sie vermeidest): www.studienscheiss.de/fehler-lernunterlagen/

- ✔ E-Learning-Trends: In dieser Infografik steht alles, was du wissen musst: www.studienscheiss.de/e-learning-trends-2016/

- ✔ Journaling im Studium: Wie du mit einem Tagebuch zu einem besseren Studenten wirst: www.studienscheiss.de/journaling-student-tagebuch/

- ✔ Nachhilfe im Studium: Vorteile, Nachteile und 6+1 Alternativen, die du kennen solltest: www.studienscheiss.de/nachhilfe-studium-vorteile-nachteile-alternativen/

☑ Checkliste

☐ Ressourcen gecheckt

☐ Ort zum Lernen festgelegt

☐ Homeoffice-Strategie aufgestellt

☐ Versorgung überprüft und sichergestellt

☐ Ausreichend Bewegung in den Alltag integriert

☐ Lernunterlagen erstellt

☐ E-Learning-Angebote gecheckt und angewendet

☐ Journaling ausprobiert

☐ Über Nachhilfe nachgedacht

☐ Netzwerk gecheckt und ausgebaut

✎ Notizen

Studentenmythen

#81 Mythos: Du musst intelligent sein, um erfolgreich zu studieren!

Intelligenz wird überbewertet. Zumindest, wenn es darum geht, ein erfolgreiches Studium durchzuziehen und mit einem sehr guten Zeugnis abzuschließen. Versteh mich nicht falsch: Es ist toll, wenn du intelligent bist. Eine gesunde Portion Grips bereichert dein Leben und kann dir einige Türen öffnen. Aber für ein erfolgreiches Studium brauchst du das nicht zwingend. Du musst keine Marie Curie oder ein Albert Einstein sein, wenn du an der Uni bestehen möchtest. Für einen Hochschulabschluss zählen andere Eigenschaften. Studieren ist harte Arbeit und erfordert neben Selbstdisziplin und Durchhaltevermögen ganz besonders die Fähigkeit zur Organisation und effektivem Lernen.

Ohne eine kluge und strukturierte Herangehensweise wirst du in vielen Studiengängen schlichtweg untergehen und vom Lernstoff überrollt werden. Aber das Gute daran ist: Du kannst es lernen. Es geht nicht darum, dass du angeborenes Talent und übermäßige Intelligenz mitbringst. Sondern darum, dass du hart für deinen Erfolg arbeitest, geschickt Prioritäten setzt und dich nicht von den scheinbar unüberwindbaren Lerninhalten entmutigen lässt. Intelligenz ist im Studium hilfreich und macht viele Herausforderungen leichter – aber sie ist zweitrangig.

☆ To-do

- ✔ Mach dir klar, dass du nicht intelligent sein musst, um erfolgreich zu studieren!

#82 Mythos: Studieren kann jeder!

Heutzutage kann sich jeder für ein Studium an der Hochschule einschreiben. Ein hinterhergeworfenes Abitur und zahlungswillige Eltern reichen für viele schon aus, um das Glück an der Uni herauszufordern. Und: Die meisten tun es auch. Die Anzahl der eingeschriebenen Studenten an deutschen Hochschulen lag im Wintersemester 2016/17 laut statistischem Bundesamt bei 2.803.916; das ist ein neuer Rekord. Über 2,8 Millionen Menschen studieren – und sehr wahrscheinlich weiß mehr als die Hälfte davon nicht, was sie überhaupt tut. Denn zwischen eingeschrieben sein und studieren gibt es einen Unterschied – und dieser ist so gewaltig, dass Jahr für Jahr tausende Studenten die Flinte ins Korn werfen und ihre Unilaufbahn nach kurzer Zeit wieder beenden.

Nicht, weil diese Studenten dumm sind, sondern weil sie nicht wissen, wie man studiert. Nochmal, weil es so wichtig ist: Ein erfolgreiches Studium hat wenig mit Glück zu tun – es kommt vielmehr darauf an, dass du selbstständig arbeitest, gut organisiert an deine neuen Herausforderungen herangehst und diese entschlossen anpackst. Tugenden wie Fleiß, Übersicht und eine strukturierte Handlungsweise sind das, worauf es wirklich ankommt. Doch genau diese Merkmale lassen viele deiner Kommilitonen vermissen – und deswegen scheitern sie. Studieren kann eben nicht jeder. Aber jeder kann es lernen. Nur dazu muss das Bewusstsein vorhanden sein, dass ein erfolgreiches Studium keine Selbstverständlichkeit ist.

☆ **To-do**

✔ Mach dir klar, dass du eine kluge Strategie für dein Studium brauchst!

#83 Mythos: Deine Kommilitonen sind deine Konkurrenten!

In einigen Studiengängen ist Konkurrenzdenken unter Studenten stark verbreitet. Dabei geht es beim Studieren gar nicht darum, besser zu sein als die anderen – es geht darum, dass du eine wertvolle Hochschulausbildung bekommst, viele wichtige Dinge lernst und dich persönlich weiterentwickelst. Und genau dabei helfen dir deine Kommilitonen sogar. Ihr seid keine Konkurrenten – ihr sitzt im selben Boot und seid ein Team. Es bringt dich keinen Millimeter weiter, wenn du deine Mitstudenten als Gefahr oder Gegner betrachtest. Im Gegenteil: Diese Betrachtungsweise hindert dich daran, deine Bestleistung abzurufen, da du kostbare Zeit und Energie für einen Konkurrenzkampf verschwendest, der gar nicht existiert.

Während deiner Studienzeit sind deine Kommilitonen eher so etwas wie deine Familie. Ihr fahrt zusammen zur Uni, sitzt in der Vorlesung nebeneinander und geht mittags gemeinsam in die Mensa. Vor den Prüfungen wird zusammen gelernt und hinterher ordentlich gefeiert. Ihr seid ein Team – und zusammen stark. Und wie es sich für ein gutes Team gehört, muss der eine auf den anderen aufpassen und in schwierigen Situationen zur Stelle sein. Das heißt für dich: Wenn es deinen Kommilitonen mal nicht gut geht, sei für sie da und baue sie wieder auf. Nimm ihnen die Angst, stärke sie; gib ihnen neuen Mut. Denn dann kannst du genauso auf sie zählen, wenn du deine schwachen fünf Minuten hast und etwas Aufmunterung brauchst.

☆ **To-do**

✔ Mach dir klar, dass deine Kommilitonen nicht deine Konkurrenten sind – ihr sitzt im selben Boot!

#84 Mythos: Du kannst die Inhalte deines Studiums selbst bestimmen!

Nach dem Abitur denken sich viele Studienanfänger: „Jetzt wird alles besser! Ich kann mir schließlich meine Fächer aussuchen und nur noch das lernen, was mich wirklich interessiert." Leider nein, leider gar nicht. Natürlich kannst du dich für einen Studiengang entscheiden, der dir und deinen Fähigkeiten am ehesten zusagt, aber ab diesem Punkt hört deine Entscheidungsfreiheit zu großen Teilen auf. Zumindest vorerst. Denn der erste Teil deines Studiums wird von Inhalten geprägt, die dir ein solides, eher breites Grundlagenwissen vermitteln sollen – und durch diesen Pflichtteil musst du dich durchkämpfen. Erst danach kommen die interessanten Wahlfächer und Vertiefungsmöglichkeiten. Doch bis es soweit ist, wirst du (genauso wie zu Schulzeiten) ein fertiges Standardprogramm absolvieren und dich mit dem zufrieden geben müssen, was dir deine Hochschule vorsetzt.

Doch so negativ diese Worte auf den ersten Blick wirken: Das Vorgehen hat sich bewährt und wird dir eine gute Basis für dein weiteres Studium liefern. Dir sollte nur von Anfang an klar sein, dass fast jeder Studiengang ein bestimmtes Kontingent an Pflichtbestandteilen hat, die du zwangsläufig absolvieren musst. Einige Inhalte deines Studiums kannst du selbst auswählen – aber bei weitem nicht alle.

☆ **To-do**

- ✔ Mach dir klar, dass die Grundstruktur deines Studiums vorgegeben ist und du nicht alle Inhalte selbst bestimmen kannst!

#85 Mythos: Du musst zu jeder Vorlesung gehen!

In jedem Semester wird es Vorlesungen geben, die du dir schenken kannst. Entweder, weil der Dozent zum Einschlafen ist, die Vorlesung kaum zu deinem Studienfortschritt beiträgt (weil sie nichts mit der kommenden Prüfung zu tun hat) oder weil du zu Hause im Homeoffice viel produktiver lernen kannst. Lass dir in diesem Fall nicht einreden, dass du trotzdem deine Zeit im Hörsaal verschwenden musst. Denn das musst du nicht. Viele Vorlesungen sind ein freiwilliges Lehrangebot deiner Hochschule. Und es liegt an dir dieses Angebot anzunehmen – oder eben nicht.

Falls es also für deine Vorlesung keine Anwesenheitspflicht gibt, solltest du ganz genau abwägen, ob sich ein Besuch für dich lohnt. Damit ist nicht gemeint, dass du nach Ausreden suchen solltest, um dir einen schönen, freien Tag zu machen, sondern: Wäge ab, ob dich die Anwesenheit in der Vorlesung deinen Zielen näher bringt. Wenn nicht, gehst du nicht hin und machst etwas anderes, das dich weiterbringt. Alternativ kannst du dich auch mit deinen Kommilitonen absprechen und einen gemeinsamen Vorlesungsplan erstellen. Ihr könnt dann zum Beispiel im Wochenrhythmus abwechselnd zur Vorlesung gehen, sodass jeder unterm Strich Zeit spart, die mit alternativen Tätigkeiten verbracht werden kann.

☆ To-do

- ✔ Mach dir klar, dass viele Univeranstaltungen freiwillig sind und du nicht überall hingehen musst!

#86 Mythos: Es kommt nur auf die Noten an!

„Nur die Note zählt!" Das war gestern. Vorgestern um genau zu sein. Doch trotzdem werden viele Studenten bei dem Gedanken verrückt, dass sie später ihren Traumjob verpassen, weil die falsche Zahl auf dem Zeugnis steht. „Was soll mein zukünftiger Chef von mir denken? Wie sieht das im Vorstellungsgespräch aus? Was ist, wenn andere Absolventen eine bessere Note haben als ich?" Für Personaler sind diese Punkte nicht entscheidend. Einzelnoten interessieren sie – wenn man aktuellen Umfragen glaubt – überhaupt nicht. Wichtiger sind ihnen deine Persönlichkeit, praktische Erfahrungen und die Art deines Hochschulabschlusses (Bachelor, Master,…).

Dennoch können deine Noten (bei sonst gleichen Rahmenbedingungen) den Unterschied machen und ein Türöffner für das erste Vorstellungsgespräch sein. Weiterhin können sie dafür sorgen, dass du dich bei statischen Auswahlverfahren gegen andere Absolventen durchsetzt. Trotzdem solltest du beim Studieren nicht ausschließlich deine Noten im Blick haben und dich nicht allein auf ein tolles Zeugnis verlassen. Denn spätestens dann, wenn es in die ersten persönlichen Auswahlrunden geht, du zum Assessment Center eingeladen wirst oder zukünftige Kollegen kennenlernst, nutzen dir deine Noten gar nichts. Behalte das im Hinterkopf und richte dein Studium danach aus. Noten sind wichtig: ja. Aber sie sind nicht alles. Deine Persönlichkeit zählt – und das, was du neben deiner fachlichen Ausbildung noch auf die Beine stellst.

☆ **To-do**
- ✔ Mach dir klar, dass Noten nicht das Wichtigste in deinem Studium sind!

#87 Mythos: Du musst unbedingt die Regelstudienzeit einhalten!

Zack Zack! Heutzutage muss alles schnell gehen und durchoptimiert sein: Maximal 12 Jahre Schule; dann Abitur und ein kurzer Abstecher an die Uni. Mal eben fix studieren – in Regelstudienzeit natürlich. Aber bitte mit Bestnoten und Empfehlungsschreiben des Professors. Bloß keine Zeit verlieren, denn sonst kannst du deine Karriere vergessen und hast eh keine Chance, dich gegen deine Mitbewerber durchzusetzen. Egal, an welchem Punkt unserer schulischen oder akademischen Ausbildung wir uns befinden: Wir hetzen. Oder besser gesagt: Wir lassen uns hetzen – von der Gesellschaft, den Medien, den Eltern und uns selbst.

Dabei wird Regelstudienzeit überbewertet. Sie hat mit einem wertvollen Studium herzlich wenig zu tun. Das Problem ist: Viele Studenten wissen das nicht und lassen sich von dieser Angabe vorschreiben, wie sie zu studieren haben. Die Folge ist, dass unsere Hochschulen Hochleistungsabsolventen erzeugen, die auf dem Papier einen makellosen Studienverlauf vorweisen können. Nur leider ohne interessante Zwischenstationen, ohne Zusatz-Knowhow und ohne Ecken und Kanten. Ein großer Einheitsbrei, ohne Individualität. Dabei gibt es viele Dinge, die wichtiger als die Einhaltung der Regelstudienzeit sind und dir nachhaltig mehr Glück, Zufriedenheit und Erfolg im Leben bringen. Lass dich nicht von der zeitlichen Vorgabe deiner Uni verrückt machen und zu stark unter Druck setzen. Die Regelstudienzeit ist nur eine Kennzahl und keine Pflicht, die du um jeden Preis erfüllen musst.

☆ To-do

- ✔ Mach dir klar, dass du deine Regelstudienzeit nicht um jeden Preis einhalten musst!

#88 Mythos: Für gute Noten musst du rund um die Uhr lernen!

Die wichtigsten Erfolgsgaranten für ein erfolgreiches Studium sind Fleiß und Durchhaltevermögen. Doch nur, weil du fleißig lernst und dich regelmäßig mit deinem Studium auseinandersetzt, heißt das nicht, dass dir gute Noten einfach zufliegen werden. Was du brauchst, ist die richtige Herangehensweise und ein systematisches Vorgehen, mit dem du deine Aufgaben und Ziele Schritt für Schritt anpacken kannst. Wenn du Struktur in dein Studentenleben bringst und dir darüber Gedanken machst, welche Lerntechniken für dich geeignet sind, wirst du deutlich besser studieren als vorher. Große Lernsessions sind wichtig, aber sie allein bringen dich nicht weiter – besonders, wenn du deine Herausforderungen falsch oder ineffizient angehst. Arbeite lieber an deiner Technik und analysiere hin und wieder dein Vorgehen, als rund um die Uhr ein 08/15-Prozedere abzuspulen.

Kurze Zwischenfrage: Weißt du, was im Studium genauso wichtig für deinen Erfolg ist wie harte Arbeit? Schlaue Arbeit. Alle erfolgreichen Studenten haben eines gemeinsam: Sie denken über ihr Studium nach. Nicht über die Inhalte, sondern über den Prozess des Studierens. Und genau dieser Gedankengang bringt sie weiter. Diese Studenten studieren bewusst und sind reflektiert. Das bedeutet auch: Sie teilen sich ihre Zeit klug ein und schaffen sich Freiräume, in denen sie auch mal faul sein oder Ferien machen können. Du musst nicht jeden Tag für dein Studium arbeiten. Du musst es nur regelmäßig tun – aber nicht in jeder freien Minute.

☆ To-do

- ✔ Mach dir klar, dass du nicht in jeder freien Minute lernen musst!

#89 Mythos: In den Semesterferien hast du frei!

Semesterferien: Zeit, um die Seele baumeln zu lassen und sich auf die faule Haut zu legen. Von wegen! Dass Semesterferien automatisch viel Freizeit bedeuten, ist ein Mythos. Früher, vor 20 Jahren war das vielleicht noch so, aber spätestens seit der Umstellung auf das Bachelor-Master-System ist von den Ferien nur noch wenig übrig geblieben. Klassische Semesterferien gibt es nicht mehr. Der Zeitraum am Ende des Semesters heißt deswegen auch nicht mehr „Semesterferien", sondern „vorlesungsfreie Zeit". Und diese Zeit hat es in sich.

Meist finden dann zwar keine Vorlesungen oder andere Univeranstaltungen statt, aber die Studenten haben trotzdem jede Menge zu tun. Wenn für Urlaub und Erholung unterm Strich noch drei bis vier Wochen übrig bleiben, ist das schon eine ganze Menge. Die vorlesungsfreie Zeit ist nämlich pickepackevoll: Es müssen Klausuren geschrieben, Praktika absolviert, Abschlussarbeiten fertiggestellt und wichtige organisatorische Aufgaben übernommen werden. Damit sind die Semesterferien mit einem straffen Programm ausgefüllt und nehmen eine Schlüsselrolle in deiner Semesterplanung ein. Semesterferien sind daher gar keine „richtigen Ferien" und haben nicht viel mit Freizeit zu tun. Es ist eher das Gegenteil der Fall.

☆ To-do

- ✔ Mach dir klar, dass du in den Semesterferien nicht unbedingt frei hast, sondern wichtige Herausforderungen bestehen musst!

#90 Mythos: Studenten sind faul!

Wer ist faul und liegt viel rum? Richtig: der gemeine Student. Wenn er nicht gerade betrunken von Party zu Party torkelt, schläft er wochentags aus und schaut dann gemütlich Netflix. An guten Tagen sind zwei, vielleicht auch drei Vorlesungen drin, aber dann ist es auch gut. So weit, so falsch. Studenten gelten in unserer Gesellschaft als faul und werden als herumlungernde Schmarotzer wahrgenommen, die keinen Finger krummmachen. Woher diese Vorurteile kommen, ist offensichtlich: Studenten haben keinen 9-to-5-Job, keine festen Arbeitszeiten und niemanden, der ihnen wirklich auf die Finger schaut. Sie können sich ihre Zeit frei einteilen und selbst entscheiden, wie sie ihren Alltag gestalten. Mal gehen sie erst um 11 Uhr zur Uni; mal sind sie um 15 Uhr schon wieder zu Hause. Hinzu kommen monatelange Semesterferien im Jahr.

Von außen betrachtet sieht ein Studium ziemlich entspannt aus. Zugegeben: Manchmal ist es das auch, aber das Klischee vom faulen Studenten ist so falsch wie der Musikgeschmack deiner Eltern. Denn entscheidende Punkte fehlen in dieser Betrachtung: Die Prüfungsphasen, in denen du nächtelang am Schreibtisch sitzt und lernst; die Hausarbeiten und Praktika, die du „nebenbei" erledigen musst; die Nebenjobs, die dir deine Wohnung und die Partys erst ermöglichen und so weiter. Nicht jeder Student, der mit Laptop auf dem Bett liegt, zieht sich gerade die neueste Serie rein. Die meisten büffeln für die kommende Klausur oder sind dabei, die nächste Vorlesung vorzubereiten. Studenten sind nicht faul. Sie haben nur einen etwas ungewöhnlichen Tagesablauf.

☆ To-do

- ✔ Mach dir klar, dass Studenten nicht faul sind!

💡 Lesetipps

✔ Warum du nicht intelligent sein musst, um erfolgreich zu studieren:
www.studienscheiss.de/intelligent-studieren/

✔ 5 Lügen, die dich im Studium erfolglos und unglücklich machen:
www.studienscheiss.de/luegen-studium/

✔ Warum deine Noten nicht so wichtig sind und worauf Personaler wirklich achten:
www.studienscheiss.de/noten-wichtig-personaler-achten/

✔ 7 Dinge, die wichtiger sind als dein Notenschnitt im Studium:
www.studienscheiss.de/wichtiger-notenschnitt-studium/

✔ Vergiss deine Regelstudienzeit – auf diese 10 Punkte kommt es wirklich an:
www.studienscheiss.de/regelstudienzeit-nicht-wichtig/

✔ Warum Semesterferien nichts mit Freizeit zu tun haben:
www.studienscheiss.de/semesterferien-freizeit/

✔ Warum es gut ist, ein fauler Student zu sein:
www.studienscheiss.de/fauler-student/

☑ Checkliste

☐ Mythos „Du musst intelligent sein" entlarvt

☐ Mythos „Studieren kann jeder" entlarvt

☐ Mythos „Kommilitonen sind Konkurrenten" entlarvt

☐ Mythos „Du kannst alles frei wählen" entlarvt

☐ Mythos „Du musst zu jeder Vorlesung gehen" entlarvt

☐ Mythos „Nur die Note zählt" entlarvt

☐ Mythos „Regelstudienzeit ist entscheidend" entlarvt

☐ Mythos „Du musst rund um die Uhr lernen" entlarvt

☐ Mythos „Semesterferien gleich Freizeit" entlarvt

☐ Mythos „Studenten sind faul" entlarvt

✏ Notizen

Gewohnheiten

#91 Trainiere dir starke Verhaltens-muster an!

Der Hauptteil deines Erfolgs im Studium hängt davon ab, welche Gewohnheiten du entwickelst. Einmalaktionen geben dir vielleicht einen kurzen Motivationsschub, dieser ist aber genauso schnell wieder weg, wie er gekommen ist. Wenn du dir nur ein einziges Mal vor deiner Klausur einen Lernplan erstellst und dadurch rechtzeitig mit der Arbeit beginnst, hilft dir das vielleicht bei dieser einen Prüfung – doch der positive Effekt verschwindet danach sofort wieder. Wenn du jedoch über das ganze Semester hinweg deine täglichen Aktivitäten planst und jede Prüfungsvorbereitung strategisch angehst, wird deine Leistungskurve durch die Decke gehen.

Solltest du es schaffen, Verhaltensmuster, die deinem Studium guttun, regelmäßig in deinen Alltag zu integrieren, wirst du langfristig erfolgreicher und glücklicher studieren, als du es dir jemals vorgestellt hast. Du wirst mehr schaffen und trotzdem weniger Stress haben. Denn Stress entsteht nicht von den Dingen, die du erledigt hast, sondern von dem, was du nicht erledigt hast. Aus diesem Grund musst du besonders am Anfang konsequent sein und dir positive Gewohnheiten antrainieren. Doch das geht nicht auf Knopfdruck und ist mit Arbeit verbunden, denn ohne ständige Übung und Wiederholung verankern sich deine neuen Gewohnheiten nicht in deinem Unterbewusstsein. Der Aufwand wird sich allerdings lohnen, denn wenn diese Verhaltensmuster etabliert sind und fast automatisch ablaufen, sind sie der Garant für deinen Studienerfolg.

☆ **To-do**

✔ Bestimme ein neues Verhaltensmuster und integriere es in deinen Alltag! Führe die Aktion 30 Tage lang aus!

#92 Werde zum Frühaufsteher!

Viele deiner Kommilitonen haben Probleme damit, morgens früh aufzustehen. Diese Morgenmuffel verfluchen den Wecker und bleiben bis zur letzten Minute unter der warmen Bettdecke. Und wenn sie dann mal aufgestanden sind, haben sie eine -10 auf der Gute-Laune-Skala. Produktiv ist das nicht und im Studium kann dieses Langschläfer-Syndrom nachhaltig zum Problem werden. Besonders dann, wenn einige deiner Univeranstaltungen schon um 8 Uhr morgens losgehen oder du jede kostbare Stunde am Tag fürs Lernen gebrauchen könntest. Völlig egal, zu welchen Zeiten du morgens bisher aus dem Bett gekrabbelt bist: Versuche ab morgen eine Stunde früher aufzustehen! Wenn du deinen Tag eher beginnst, dann schaffst du mehr. Selbst dann, wenn du anfangs müde und schlecht gelaunt bist. Die zusätzliche Stunde wird dir guttun und dir Raum zum Erreichen deiner Ziele geben.

Es gibt unglaublich viele Tipps für Menschen, die es morgens nicht leicht haben. Das Problem ist nur: Diese Ratschläge sind fast alle schlecht. Und zwar so richtig schlecht. Am effektivsten hilft diese einfache Daumenregel: Mach das Aufstehen so einfach und das Weiterschlafen so schwer wie möglich! Lege dir zum Beispiel vor dem Schlafengehen schon deine Klamotten für den nächsten Tag raus oder platziere deinen Wecker möglichst weit von deinem Bett entfernt. Entwickle eine Einschlafroutine und übe das frühe Aufstehen. Wenn du das beherzigst und deine Schlafgewohnheiten etwas anpasst, verschwendest du ab jetzt keine Zeit mehr durch faules Liegenbleiben. Dann klappt's auch mit der Vorlesung um 8 Uhr.

☆ **To-do**

- ✔ Nimm dir fest vor, ab morgen eine Stunde früher aufzustehen und entwickle einen Plan, wie du das schaffst!

#93 Mach dein Bett!

Das Bettmachen ist an sich nur ein kleiner Schritt, ein paar Handgriffe: das Kissen aufschütteln, das Bettlaken geradezupfen und die Decke ordentlich zusammenlegen. Alles andere als kreativ – und monoton noch dazu. Die Aktion wirkt unscheinbar und nebensächlich, dabei ist sie von entscheidender Bedeutung für den restlichen Tagesverlauf. Warum? Weil es eine deiner ersten Aktionen am Tag ist. Und das macht sie zu etwas Besonderem. Dadurch, dass du morgens dein Bett machst, startest du deinen Tag mit einer geregelten Routine. Dieses feste Muster gibt dir Sicherheit und sorgt für ein erstes Erfolgserlebnis, an dem du dich aufrichten kannst.

Dein Bett zu machen dauert nur eine Minute – doch diese winzigen 60 Sekunden haben es in sich. Sie entscheiden darüber, ob du motiviert und optimistisch in den Tag startest, oder ob du wieder einmal deinen Aufgaben und Verpflichtungen hinterherläufst. Es gibt einen einfachen Grundsatz: aufgeräumtes Bett gleich aufgeräumte Gedanken. Und nur mit aufgeräumten Gedanken wirst du das Beste aus deinem Tag machen und dein volles Potenzial ausschöpfen. Selbst dann, wenn du einen miesen Tag gehabt haben solltest, wird dich ein gemachtes Bett abends daran erinnern, dass du wenigstens eine Sache geschafft und erfolgreich beendet hast. Egal, wie hoch deine Ziele sind; egal, wie schwer deine Rahmenbedingungen ausfallen: Nimm dir jeden Morgen kurz Zeit und mach dein Bett!

☆ **To-do**

    ✔ Mach ab heute jeden Morgen dein Bett und starte den Tag mit einem kleinen Erfolgserlebnis!

#94 Entwickle eine Morgenroutine!

Viele Studenten starten chaotisch in den Tag. Sie schlafen bis zur letzten Minute, hetzen ins Bad, lassen das Frühstück ausfallen und taumeln zur Uni oder an den Schreibtisch. Ungeschickter kann man einen Tag nicht beginnen. Am Morgen, oder besser gesagt nach dem Aufstehen, stellst du durch deine ersten Schritte die Weichen für den restlichen Tagesverlauf. Entweder startest du aktiv mit einem klaren Plan und gehst dann mit viel Energie deine Aufgaben an oder du beginnst gestresst, mit schlechter Laune und hetzt dich von Termin zu Termin. Besonders in Stresssituationen ist es hilfreich, wenn du auf Muster und Gewohnheiten zurückgreifen kannst, die dir Halt geben. Versuche deshalb eine passende Morgenroutine zu entwickeln, die dir im Studium hilft und dich sicherer macht.

Es sind deine Gewohnheiten, die darüber entscheiden, wie dein Tag läuft. Und an Tagen, an denen dein Stundenplan voll ist oder eine wichtige Prüfung ansteht, entscheidet deine Morgenroutine mit, wie erfolgreich du abschneiden wirst. Beginne deshalb mit einem klaren Muster. Du könntest nach dem Aufstehen zum Beispiel Folgendes tun: dein Bett machen, ein Glas Wasser trinken, Sport treiben, meditieren, frühstücken, Zeitung lesen, Nachrichten schauen oder deinen Tag planen. Die Möglichkeiten sind vielfältig – Hauptsache deine Morgenroutine liefert dir eine solide Basis für den restlichen Tag und stärkt dein positives Mindset.

☆ To-do

- ✔ Lege deine eigene Morgenroutine fest, indem du drei konkrete Handlungen ausführst, die den neuen Tag einläuten!

#95 Sei pünktlich!

Pünktlichkeit gilt als spießig und wird von Studenten häufig großzügig ausgelegt. Dabei ist es vorteilhaft für dich, pünktlich zu sein und dieses Motto in sämtliche Bereiche deines Studentenlebens zu übertragen. Erstens erspart es dir Ärger und zweitens schafft es eine entspannte Grundatmosphäre. Wenn du deine Zeit fest im Griff hast und deine Termine rechtzeitig wahrnimmst, bist du weniger gestresst und kannst sicherer mit unvorhergesehenen Ereignissen umgehen. Wenn du morgens zum Beispiel immer auf den letzten Drücker zur Vorlesung erscheinst oder gar zu spät kommst, drohen dir zunächst keine negativen Konsequenzen (außer ein paar abfälligen Blicken). Auf den zweiten Blick setzt du dich mit diesem Verhalten allerdings selbst unter Druck: Du bist gestresst, wenn du im Hörsaal erscheinst; du ziehst ungewollte Aufmerksamkeit auf dich; du findest möglicherweise keinen guten Sitzplatz und so weiter. Du startest mit einem negativen Gefühl in den Tag – und das ohne Not.

Pünktlichkeit gibt dir Sicherheit. Sie gibt dir das Gefühl, etwas richtig gemacht und eine Vereinbarung eingehalten zu haben. Und dieses Gefühl bestärkt dich darin, weitere positive Dinge zu tun. Wenn du pünktlich im Hörsaal erscheinst, kannst du dir in Ruhe einen Platz suchen und dich vorbereiten. Du musst dich nicht abhetzen, sondern schaffst es, noch einmal durchzuatmen, bevor der Dozent loslegt. Gewöhne dir deshalb an, in allen Bereichen deines Lebens pünktlich zu sein: in der Vorlesung, beim Treffen mit der Lerngruppe, bei der Arbeit, beim Einhalten wichtiger Fristen, bei der Recherche der Weihnachtsgeschenke und so weiter.

☆ To-do

- ✔ Nimm dir fest vor, bei allen Terminen und Verpflichtungen pünktlich zu sein!

#96 Nutze Wartezeiten!

Über den Tag sammeln sich viele kleine Situationen an, in denen du beim Warten Zeit verlierst. Doch diese Wartezeit kannst du besser nutzen, anstatt nur blöde herumzustehen oder mit deinem Smartphone zu spielen. Du musst dich nur auf diese Zeitfenster vorbereiten und Wartezeit als frei verfügbare Ressource betrachten. Sobald du diese in deiner Tagesplanung berücksichtigst, kannst du aus verloren geglaubter Zeit erstaunlich viel herausholen. Wenn du beispielsweise deine Lernunterlagen dabei hast, kannst du von unterwegs etwas für dein Studium tun. Entweder im Bus, in der Bahn oder als Beifahrer im Auto. Du kannst sogar Werbeunterbrechungen im TV nutzen, um eine kurze produktive Einheit einzustreuen: Überfliege deine Zusammenfassung oder sieh dir eine Übungsaufgabe an. Durch das kurze Zeitfenster, das dir zur Verfügung steht, sind diese Aktionen superproduktiv. Du kannst auch abends beim Zähneputzen deine Notizen der letzten Vorlesung durchgehen oder unter der Dusche die wichtigsten Definitionen für deine Klausur wiederholen.

Wartezeiten begegnen dir ständig im Alltag. Wichtig ist nur, dass du ein Gespür dafür entwickelst und wiederkehrende Phasen, in denen du sonst warten musst, als Chance siehst. Es sind Möglichkeiten, wichtige Aufgaben zu erledigen und dadurch mehr Freizeit zu erlangen. Und: Es ist deine Chance, dir die Zeit beim Warten zu vertreiben und nebenbei an deinen Zielen zu arbeiten. Mach es dir deshalb zur Gewohnheit, Wartezeiten produktiv zu nutzen und währenddessen etwas für dein Studium zu tun.

☆ To-do

- ✔ Nutze Wartezeiten für das Erledigen wichtiger Aufgaben und plane diese fest ein!

#97 Sage „nein"!

Vielen Menschen (nicht nur Studenten) fällt es schwer „nein" zu sagen. „Nein" ist ein kraftvolles Wort, das vielen von uns schwer über die Lippen geht. Doch wenn du im Studium nicht den Überblick verlieren und vor lauter Überbelastung untergehen möchtest, wirst du schnell lernen müssen, gewisse Dinge abzulehnen. Alle wollen etwas von dir: deine Eltern, Freunde, Kommilitonen, Tutoren, Professoren und vielleicht auch deine Nachbarn. Je häufiger du „ja" zu etwas sagst, desto eingeengter fühlst du dich. Je mehr Zusatzaufgaben du annimmst, desto voller wird deine To-do-Liste. Je mehr Termine du zusagst, desto enger wird dein Zeitplan.

Es ist nicht schlimm, von Zeit zu Zeit „nein" zu sagen: „Nein, ich kann nicht zur Party kommen, ich muss lernen.", „Nein, ich kann keine unbezahlten Überstunden machen, ich treffe meine Familie.", „Nein, ich kann heute nichts trinken, ich muss morgen früh fit sein." Löse dich aus unwichtigen Verpflichtungen – sonst bleiben deine eigenen Ziele und Prioritäten auf der Strecke. Du lebst und handelst dann nur nach den Wünschen anderer und hast für dich selbst keine Zeit mehr. Mach dir deswegen klar, dass ein „Nein" nichts Schlechtes ist. Es ist eine Notwendigkeit, wenn du ein selbstbestimmtes Leben führen möchtest. Und: Die meisten deiner Mitmenschen werden deine Antwort akzeptieren. Also traue dich häufiger im Alltag „nein" zu sagen.

☆ To-do

- ✔ Sage „nein" zu Dingen, die dir nicht guttun und deine Zeit in Anspruch nehmen!

#98 Lerne vor dem Einschlafen!

Während wir schlafen, arbeitet unser kleines, fleißiges Gehirn weiter. Und womit beschäftigt es sich? Hauptsächlich mit den Dingen, die wir zuletzt – vor dem Schlafengehen – angepackt haben. Und diese neurologische Eigenheit kannst du dir zunutze machen, indem du vor dem Schlafengehen lernst. Natürlich solltest du dabei keine neuen, hochbrisanten Themen beginnen, die dich aufwühlen und dann nicht schlafen lassen; kümmere dich stattdessen um einfachere Inhalte oder setze reproduzierende Tätigkeiten um. Beschäftige dich mit etwas, das dein Gehirn auf Sparflamme – im Schlaf – verarbeiten und festigen kann, wie zum Beispiel Definitionen, Daten, Formeln oder einfache Sachzusammenhänge. Im Zweifel reicht es schon, wenn du in einem Lehrbuch liest oder einige Vorlesungsfolien durchsiehst. Siehst du dir vor dem Einschlafen deine Lernunterlagen an und planst deine nächsten Projekte im Studium, wird dein Gehirn über Nacht daran arbeiten. Ohne dass du etwas dafür tun musst, prägen sich diese Inhalte dann ein und bleiben besser im Gedächtnis.

Was du dabei allerdings vermeiden solltest, ist blaues Licht. Vor dem Schlafengehen verbringen viele Studenten Zeit vor einem Bildschirm. Dabei ist es egal, ob sie mit ihrem Smartphone beschäftigt sind, Filme auf dem Tablet schauen oder am Computer-Monitor lernen: Die blauen Wellenlängen des Lichtes, die diese Geräte ausstrahlen, halten dich wach. Gewöhne dir deswegen an, 30 bis 60 Minuten vor deiner Bettgehzeit jede Art von Monitor zu meiden.

☆ **To-do**

> ✔ Lerne 15 Minuten lang vor dem Einschlafen! Beschäftige dich dabei mit leichten Inhalten oder lies in einem Buch!

#99 Gehe einen Extraschritt!

Wenn du in deinem Studium über dich hinauswachsen willst, musst du deine Komfortzone verlassen. Und das gelingt dir nur, wenn du bereit bist, eine Extraschicht einzulegen. Gerade dann, wenn es unbequem wird, musst du dranbleiben und dich durchbeißen. Mach den entscheidenden Extraschritt, der dich weiterbringt. Andere gehen diesen Schritt nicht – du aber schon. Dennoch ist deine Komfortzone ein hart umkämpftes Gebiet. Die Kontrahenten: du und du. Denn wenn du deine Komfortzone verlässt, setzt du dich bewusst einer unangenehmen Situation aus. Einer Situation, an der du wachsen wirst – doch zunächst musst du kämpfen. Dafür wirst du dich kurzfristig hassen, aber langfristig lieben.

Konkret bedeutet das für dich: Wenn du eigentlich nur 60 Minuten lernen wolltest – lerne 65 Minuten; wenn du eigentlich nur eine Seite schreiben wolltest – schreibe zwei; und wenn du eigentlich alle klausurrelevanten Inhalte drauf hast – beschäftige dich mit den Zusatzthemen. Mach es dir zur Gewohnheit, immer etwas mehr zu tun, als von dir verlangt wird. Es muss nicht viel sein, aber immer ein kleines bisschen. Wenn es dir gelingt, im Studium regelmäßig deine Komfortzone zu verlassen, wirst du dich nicht nur fachlich weiterentwickeln, sondern auch persönlich. Du lernst dich besser kennen und wirst zu einem reiferen Menschen, der jedes Problem als Herausforderung sieht und Veränderungen positiv angeht.

☆ To-do

- ✔ Gehe einen Extraschritt und erledige heute bei einer Aufgabe etwas mehr als das Nötigste!

#100 Unterbrich niemals die Kette!

Dein Studium ist kein Sprint – es ist ein Marathon. Und einen erfolgreichen Marathon schüttelt man nicht einfach so aus dem Ärmel. Man gewinnt ihn so: Mit vielen kleinen, kontinuierlichen Schritten. Kleinen Aktionen, die zusammen eine mächtige Wirkung entfalten und besser funktionieren als jeder Zwischensprint. Deshalb ist es so wichtig, dass du beim Studieren am Ball bleibst. Du musst jeden Tag etwas für dein Studium tun und an deinen Zielen arbeiten – nicht viel, aber wenigstens etwas.

Eine einfache Technik, die dir dabei hilft, ist die Folgende: Besorge dir einen großen Wandkalender auf dem ein ganzes Jahr abgebildet ist und hänge ihn in deinem Zimmer auf. Arbeite heute für einen kurzen Zeitraum an deinem Studium und markiere anschließend den entsprechenden Tag mit einem großen, roten „X". Fahre bei jedem weiteren Tag, an dem du etwas für dein Studium getan hast, genauso fort und setze eine Markierung im Kalender. Nach ein paar Tagen hast du eine Kette – und wenn du weitermachst, wird diese von Tag zu Tag länger. Deine einzige Aufgabe ist es jetzt nur noch, die Kette nicht zu unterbrechen. Tage, an denen du nur faul vor dich hinvegetierst, gehören damit der Vergangenheit an. Gleichzeitig musst du dich aber nicht zu einer unmenschlichen Studiermaschine entwickeln, denn kleine Aktionen reichen schon aus, um deine Ketten-Mission am Laufen zu halten. Denk dran: Kleine tägliche Verbesserungen führen auf lange Sicht zu großen Fortschritten. Unterbrich also niemals die Kette!

☆ To-do

✔ Besorge dir einen Wandkalender und beginne heute mit dem ersten kleinen Teil deiner Kette! Halte sie am Laufen und unterbrich deine Kette niemals!

💡 Lesetipps

✔ 10 unbequeme Gewohnheiten, die dich im Studium erfolgreicher machen werden:
www.studienscheiss.de/unbequeme-gewohnheiten-studium-erfolgreich/

✔ Früher aufstehen: Eine Anleitung für Morgenmuffel:
www.studienscheiss.de/morgenmuffel-frueher-aufstehen/

✔ Mach dein Bett, werde zu einem besseren Studenten und verändere die Welt:
www.studienscheiss.de/bett-besseren-studenten/

✔ Die perfekte Morgenroutine für deinen Klausurtag:
www.studienscheiss.de/morgenroutine-klausurtag/

✔ Mit diesen 5 einfachen Grundregeln schaffst du alles, was du dir vornimmst:
www.studienscheiss.de/vorsaetze-erreichen-grundregeln/

✔ Diese 10 Gewohnheiten helfen dir dabei, doppelt so schnell zu lernen wie bisher:
www.studienscheiss.de/gewohnheiten-schneller-lernen/

☑ Checkliste

☐ Neues Verhaltensmuster bestimmt

☐ Eine Stunde früher aufgestanden

☐ Bett gemacht

☐ Morgenroutine festgelegt und umgesetzt

☐ Zur Pünktlichkeit bekannt

☐ Plan für Wartezeiten aufgestellt

☐ „Nein" sagen etabliert

☐ Vor dem Einschlafen gelernt

☐ Extraschritt gegangen, mehr als das Nötigste getan

☐ Kette gestartet

✏️ Notizen

Motivation

#101 Sei dein eigener Cheerleader!

Studieren kann manchmal hart sein und eine Menge Kraft kosten. Du wirst jedes Semester aufs Neue an deine Grenzen geführt und musst über dich hinauswachsen – ansonsten bleiben deine Noten auf der Strecke und du kannst dir deinen Abschluss abschminken. Doch trotzdem bekommen jedes Jahr fast eine halbe Million überglückliche Absolventen ihr Hochschulzeugnis in die Hand gedrückt. Nicht, weil es einfach war oder sie die Weisheit mit Löffeln gefressen haben, sondern weil sie drangeblieben sind. Auch dann, wenn es hart war. Sie haben an den Erfolg geglaubt und ihre Motivation auch in schwierigen Phasen aufrechterhalten. Sie haben es geschafft, sich selbst starkzureden und immer wieder in den eigenen Hintern zu treten.

Auch du musst das tun, wenn du erfolgreich studieren möchtest. Denn worauf es im Studium wirklich ankommt, sind eine solide Strategie, Durchhaltevermögen und ganz besonders die Fähigkeit, sich ständig selbst motivieren zu können. Sei dein eigener Cheerleader und bringe dich immer wieder selbst auf Erfolgskurs. Wenn es dir gelingt, hartnäckig an deinen Zielen zu arbeiten, wirst du ein zufriedenes und glückliches Studentenleben führen. Die Rolle des Motivationstrainers wird dir niemand abnehmen. Niemand wird dir ununterbrochen zujubeln oder dich in nervigen Phasen von außen anfeuern, damit du doch noch die Kurve kriegst. Du musst selbst dafür sorgen, dass du deine Probleme anpackst und deinen Herausforderungen mit einer positiven Einstellung begegnest. Nur dann wirst du es an der Uni zu etwas bringen.

☆ **To-do**

 ✔ Mach dir klar, wie wichtig eine positive Einstellung zum Studieren und die Fähigkeit zur Selbstmotivation sind!

#102 Visualisiere deine Ziele!

Glasklare Ziele helfen dir dabei, in arbeitsintensiven Phasen motiviert und fokussiert zu bleiben. Ihre volle Antriebskraft entfachen deine Ziele erst, wenn du sie dir bildlich vorstellst. Visualisierung heißt das Zauberwort: Sobald du dir deine Ziele im Detail vorstellst und dir in Gedanken ausmalst, wie großartig deine Situation sein wird, entsteht eine tiefe Motivation in dir, diesen Zustand auch wirklich zu erreichen. Es geht nicht darum, sich in eine Fantasiewelt zu flüchten und diese Wunschvorstellung mit der Realität zu verwechseln. Du darfst dich nicht auf dem Gedanken ausruhen, dass alles in Ordnung sei. Nein: Du hast deine Zukunft selbst in der Hand und kannst ganz alleine für deine schönsten Erfolge sorgen.

Um dort hinzukommen, musst du dir die Glücksmomente jedoch erst einmal bildhaft vorstellen und ganz genau vor Augen haben, was du erreichen möchtest. Erst dann kannst du zielgerichtet den Weg dorthin einschlagen. Erstelle hierfür zu jedem deiner Ziele ein starkes mentales Bild, indem du dir vorstellst, wie glücklich und zufrieden du sein wirst, wenn du dein Ziel erreicht hast. Stell dir zum Beispiel vor, wie du konzentriert und fleißig am Schreibtisch sitzt. Male dir aus, wie leicht dir alles von der Hand geht, wie gut deine Lernsession funktioniert und wie ausgezeichnet die Effekte sein werden. Stell dir vor, wie stolz du auf dich sein wirst und wie sehr dich andere bewundern werden, wenn du fertig bist. Male dir diesen Zustand im Detail aus, bis sich ein facettenreiches Bild vor deinem geistigen Auge bildet.

☆ **To-do**

✔ Setze mentale Bilder ein und visualisiere jetzt eines deiner Ziele! Stelle dir den Prozess und das Ergebnis so detailliert wie möglich vor!

#103 Schließe einen Vertrag mit dir selbst!

Hast du Ziele für dein Studium, deinen Tag, dein Leben? Schön. Aber wer sorgt dafür, dass du diese persönlichen Ziele auch wirklich erreichst? Eigentlich niemand – niemand außer dir. Nur leider bist du zu nachlässig. Deswegen solltest du nicht bloß Ziele aufstellen, sondern noch einen Schritt weitergehen: Schreibe deine Ziele auf und schließe dann einen Vertrag – und zwar mit dir selbst. Verträge sind verbindliche Abmachungen; deutlicher kannst du deine Absichten nicht festlegen. Nimm dir ein schriftlich fixiertes Ziel vor und versprich dir selbst, dass du es um jeden Preis erreichen wirst. Mach daraus eine offizielle Vereinbarung und unterschreibe am Ende wie bei einem richtigen Vertrag. Die Wahrscheinlichkeit, dass du diese Abmachung einhältst, ist viel größer als bei einer lose formulierten Idee.

Verstößt du gegen den Vertrag oder erfüllst die vereinbarten Bedingungen nicht, begehst du Vertragsbruch. Du unterscheidest dich dann nicht von einem gewöhnlichen Betrüger, dem man nicht einmal sein kaputtes Auto anvertrauen würde. Und genau wegen dieser formalen und moralischen Verpflichtungen funktionieren Verträge so gut. Dabei ist es völlig egal, ob es um den nächsten Vorlesungsbesuch, die Lerneinheit am Schreibtisch oder die Fertigstellung deiner Abschlussarbeit geht: Einen Vertrag kannst du (fast) immer schließen. Und die motivierende Wirkung, die von solch einem Schriftstück ausgeht ist immer gleich hoch und wird dich ungemein anspornen.

☆ **To-do**
- ✔ Wähle eines deiner Ziele aus und schließe dazu einen schriftlichen Vertrag mit dir selbst!

#104 Erinnere dich an deine Erfolge!

Besonders dann, wenn es im Studium drunter und drüber geht, konzentrieren sich viele Studenten nur auf die Probleme des Alltags und zementieren damit ein negatives Mindset. Dabei kann dieser Fehler ganz einfach vermieden werden – und zwar mit einem kleinen Abstecher in vergangene Zeiten. In Erinnerungen aus der Vergangenheit zu schwelgen und an Geschehenem festzuhalten, bringt dich normalerweise nicht weiter. Du solltest in die Zukunft blicken und dich nicht von Dingen aufhalten lassen, die du ohnehin nicht mehr ändern kannst. Es gibt jedoch eine Ausnahme: deine Erfolge. Gedanken an persönliche Leistungen können dich beflügeln und eindrucksvoll zeigen, wozu du fähig bist. Wenn du dir erfolgreiche Handlungen ins Gedächtnis rufst und es dir gelingt, die damalige Situation auf deine aktuelle Lage zu übertragen, kannst du eine ähnliche Dynamik entfalten.

Du knüpfst sozusagen an deine alten Erfolge an und machst einfach dort weiter, wo du aufgehört hast. Mach dir klar, was du bisher erreicht hast: Wo warst du vor einem Jahr und wo stehst du jetzt? Welche Schwierigkeiten hast du auf deinem Weg bereits überwunden? Wofür bist du dankbar? Rücke ganz bewusst das Positive in den Mittelpunkt und schöpfe daraus neue Kraft. Doch bei aller Euphorie: Du darfst deinen Schwenk in die Vergangenheit nicht dazu nutzen, um dich auf deinen Erfolgen auszuruhen. Ja, du hast etwas Tolles erreicht. Wenn du dich aber entspannt zurücklehnst und abwartest, sind deine Verdienste schnell überholt und du musst wieder von vorne beginnen.

☆ **To-do**

✔ Erinnere dich an deinen größten Erfolg aus dem letzten Jahr und schöpfe aus dieser Leistung Kraft für neue Aufgaben!

#105 Nutze die Macht deiner Gedanken!

Als Student siehst du dich jeden Tag mit Herausforderungen konfrontiert, die dich an deinem Erfolg und an dir selbst zweifeln lassen. Besonders dann, wenn dein Studienplan aus allen Nähten platzt, der Vorlesungsstoff einfach nicht in deinen Kopf will oder eine Prüfung ansteht, bei der regelmäßig 70 Prozent der Studenten durchfallen. In solchen Situationen geht es deiner Motivation an den Kragen. Allerdings nur, weil du es zulässt. Diese negative Stimmung entsteht ausschließlich in deinem Kopf; deine Gedanken sind schuld. Doch es gibt eine gute Nachricht: Du kannst deine Gedanken steuern und damit beeinflussen, wie du dich fühlst.

Positives Denken ist ein starkes Mittel gegen Antriebslosigkeit und Prokrastination. Es ist wissenschaftlich bewiesen, dass positive Gedankenmuster deine Zufriedenheit, Gesundheit und auch deine Leistungsfähigkeit nachhaltig verbessern können. Wenn du es schaffst, dich selbst stark zu reden und es dir gelingt, in schwierigen Phasen positive Gedankenmuster einzusetzen, wirst du um ein Vielfaches glücklicher und erfolgreicher sein als jemals zuvor. Es geht dabei nicht darum, dass du dir selbst etwas vormachst und dich belügst – es geht darum, dass du gut zu dir bist und dich anfeuerst. Nur so kannst du dein gesamtes Potenzial ausschöpfen und regelmäßig über dich hinauswachsen. Es wird immer genug Menschen geben, die versuchen werden, dich auszubremsen. Du selbst darfst aber keiner davon sein. Fang mit deinen Gedanken an und nutze ihre Kraft für deine Motivation.

☆ To-do

- ✔ Verschaffe dir ein positives Mindset und nutze die Macht deiner Gedanken!

#106 Sprich mit dir selbst!

Im Studium brauchst du in vielen stressigen Situationen eigentlich nur einen Menschen, der dir gut zuredet und dich anfeuert. Falls gerade niemand in deiner Nähe ist: Sei du selbst dieser Mensch! Durch kleine Selbstgespräche kannst du dich beruhigen und dir neue Kraft geben. Du kannst dich selbst aufrichten und dir gut zureden. Natürlich nicht in der Öffentlichkeit (sonst hält man dich für verrückt und gefährlich), sondern dann, wenn du alleine und ungestört bist. Sage dir selbst etwas Nettes und schenke dir Hoffnung. Sorge dafür, dass deine Herausforderungen weniger bedrohlich aussehen und du schneller einen Anfang findest.

Aber aufgepasst: Verfalle nicht ins Jammern. Achte darauf, wie du mit dir sprichst: Anstatt schlecht über dich zu reden oder eine Beschwerde nach der anderen rauszulassen, solltest du positiv bleiben. Sag dir, warum du es schaffen wirst und was für ein cleveres Kerlchen du bist. Finde Gründe, die für dich sprechen und blende Negatives aus. Anstatt „Ich habe zu viel zu tun!", „Das schaffe ich eh nicht!" oder „Ich bin zu dumm dafür!" sage dir: „Ich packe das!", „Ich habe schon viel erreicht, das werde ich auch noch schaffen!" oder: „Alles wird gut, weil…". Damit sorgst du für eine positive Grundstimmung und gibst dir selbst Kraft. Besonders dann, wenn du regelmäßig in negative und selbstkritische Gedankenmuster verfällst, kann dir diese Methode dabei helfen, motiviert und optimistisch zu bleiben.

☆ To-do

- ✔ Sprich mit dir selbst und motiviere dich durch deine eigenen Worte! Führe direkt ein kleines Selbstgespräch (natürlich nur, wenn du ungestört bist)!

#107 Studiere nur fünf Minuten lang!

Falls dich der Gedanke an lange Lerneinheiten lähmt und deine Motivation zerstört, kannst du in die psychologische Trickkiste greifen und die sogenannte Fünf-Minuten-Regel einsetzen. Bei der Fünf-Minuten-Regel legst du eine kleine, konkrete Aufgabe fest und bearbeitest diese für nur fünf Minuten. Danach entscheidest du, ob du weitermachst – oder eben nicht. Wenn du nach fünf Minuten absolut keine Lust mehr hast, dann hörst du einfach auf und machst etwas anderes oder startest später einen neuen Anlauf. Der Trick an der Sache ist, dass du dich sehr wahrscheinlich nach fünf Minuten nicht zurückziehen wirst. Du wirst denken: „Jetzt hab ich einmal angefangen, dann kann ich auch weitermachen." Und schon hast du dich selbst ausgetrickst und dein Motivationstief überwunden.

Besonders bei großen und nervigen Aufgaben funktioniert die Fünf-Minuten-Regel ganz hervorragend. Durch eine kleine und einfache Anfangshandlung kommst du in Schwung und lässt dich nicht von deiner großen Herausforderung abschrecken. Bedrückende und zeitintensive Aufgaben, auf die du eigentlich keine Lust hast, wirken gar nicht mehr so schlimm, da du dich nur fünf Minuten lang mit ihnen beschäftigen musst. Außerdem bringt dich diese Herangehensweise dazu, über die Struktur und Aufteilung deines Projekts nachzudenken: Wie lauten die einzelnen Schritte? Was ist das beste Vorgehen? Wie lassen sich Aufgaben unterteilen und am schnellsten erledigen? Fünf Minuten hast du immer. Und dich fünf Minuten lang mit einer nervigen Aufgabe auseinanderzusetzen, schaffst du ebenfalls. Ausreden? Nicht vorhanden.

☆ **To-do**

- ✔ Setze die Fünf-Minuten-Regel ein und beschäftige dich sofort mit einer Aufgabe – aber nur fünf Minuten lang!

#108 Setze ein Anreizsystem ein!

Bei einigen Vorhaben reichen die raffiniertesten Pläne und die besten Erfolgsaussichten nicht aus, um dir einen motivierten Start zu ermöglichen. Was du dann brauchst, sind konkrete Anreizsysteme, die eine Initialzündung bei dir auslösen: Du brauchst beispielsweise eine Belohnung; eine Belohnung, auf die du dich freuen und hinarbeiten kannst. Es ist so ähnlich wie mit dem Esel und der Karotte: Sobald du ein (scheinbar) greifbares Ziel vor Augen hast, gibst du alles, um deinen Köder zu erreichen. Eine Belohnung beflügelt dich und hilft dir dabei, deine Aufgaben ergebnisorientiert zu erledigen: Du legst Sonderschichten ein und gibst das eine entscheidende Prozent mehr. Und das nur, weil dich am Ende etwas Schönes erwartet. Doch dieses Spielchen kannst du auch anders herum spielen – und zwar, indem du Strafen einsetzt.

Wenn du mit Bestrafung arbeitest, erhöhst du den Druck auf dich. Du sorgst dafür, dass du Angst davor hast, dein Ziel zu verfehlen – denn in diesem Fall würde dir die festgelegte Konsequenz drohen. Das funktioniert allerdings nur, wenn du die Strafe ausreichend unangenehm gestaltest. Solltest du dich mit fünf Minuten weniger Internet bestrafen oder im schlimmsten Fall die Chips beim Fernsehabend weglassen, wird dein Druckmittel keine große Wirkung entfalten. Die Festlegung von Strafen ist ein Balanceakt: Sie müssen dich motivieren, dürfen dich aber nicht vor Angst lähmen; sie müssen wehtun, dürfen aber nicht ungerecht sein. Versuche daher, einen Mittelweg zu finden und taste dich vorsichtig an verschiedene Extreme heran, bis du das richtige Zugpferd für dein persönliches Anreizsystem gefunden hast.

☆ To-do

✔ Lege ein Anreizsystem für dich und dein Studium fest und bestimme konkrete Belohnungen und Strafen!

#109 Denke in Szenarien!

Außergewöhnliche Motivationsprobleme erfordern außergewöhnliche Maßnahmen. Wenn du beim Studieren feststeckst und absolut nicht weiterkommst, kann es helfen, gedanklich vom schlimmsten Fall auszugehen und dir ein düsteres Worst-Case-Szenario auszumalen. Was im ersten Moment wie ein großer Widerspruch aussieht, hilft hervorragend gegen Stress und beklemmende Gefühle: Stell deine Angst in den Mittelpunkt und überlege dir das Schlimmste, das passieren könnte. Oder: Definiere deinen persönlichen Albtraum. Sei komplett pessimistisch und denke nur negativ. Danach wirst du fast automatisch dazu übergehen, über Lösungen nachzudenken und dir einfache Schritte auszudenken, die du im schlimmsten Fall unternehmen kannst. Am Ende wirst du feststellen, dass deine Lage gar nicht so aussichtslos ist – und das obwohl du vom schlimmsten Fall ausgegangen bist.

Ein anderer Ansatz lautet: Überlege dir, was im besten Fall passieren kann und wie es wäre, wenn alles genau nach Plan oder sogar noch besser läuft. Stell dir ein Best-Case-Szenario vor und denke daran, wie glücklich und zufrieden du sein wirst, wenn du alles geschafft hast. Nicht, um dich entspannt zurückzulehnen, sondern um dich selbst zu motivieren. Frage dich: Was spricht dafür, dass es gut läuft? Was passiert, wenn alles funktioniert und meine Träume wahr werden? Sei komplett optimistisch und denke an diesen bestmöglichen Fall. Was musst du tun, damit diese Situation eintritt? Ist es tatsächlich so unwahrscheinlich, wenn du dein Bestes gibst und dich anstrengst?

☆ To-do

- ✔ Nutze die Motivation von ausgedachten Szenarien und stelle sofort ein Worst-Case- und ein Best-Case-Szenario für dein Studium auf!

#110 Höre niemals auf, an dich selbst zu glauben!

Es gibt zwei Arten von Studenten: Die einen, die bei jedem Gegenwind frustriert sind und direkt einknicken und die anderen, die sich mutig neuen Herausforderungen stellen und sich durchbeißen. Du gehörst zur zweiten Gruppe. Du bist nicht der Typ fürs Aufgeben – sonst würdest du nicht gerade diese Zeilen lesen und dich auf dieser Ebene mit deinem Studium beschäftigen. Trotzdem ist es ganz normal, dass du hin und wieder mit einem Motivationstief zu kämpfen hast und voller Zweifel bist. Das gehört einfach dazu. Doch anstatt dich davon fertigmachen zu lassen und die Segel zu streichen, musst du dranbleiben. Allen Widrigkeiten zum Trotz: Glaube an dich selbst und schöpfe aus dieser tiefen Überzeugung Kraft.

Wir alle waren schon mal in Situationen, in denen wir nichts lieber wollten als aufgeben. Doch wenn du dich zurückerinnerst, waren es immer genau diese unbequemen, schwierigen Situationen, in denen du über dich hinausgewachsen bist. Du hast die Zähne zusammengebissen und weiter gemacht. Aufgeben wäre angenehmer und einfacher gewesen, aber du hast gekämpft und bist dadurch stärker geworden. Wenn du das nächste Mal kurz davor bist, die Segel zu streichen, erinnere dich daran, wie willensstark und zielstrebig du bist. Mach dir klar, dass du schon schlimmere Situationen bewältigt hast und welche Energie in dir steckt. Vertraue auf deine Fähigkeit, Krisen zu bewältigen und trotz großer Probleme am Ende erfolgreich zu sein.

☆ **To-do**

   ✔ Stärke deinen Glauben an dich selbst und gib niemals auf!

💡 Lesetipps

- ✔ 50 starke Gedanken, mit denen du dich jeden Tag selbst motivieren kannst:
  www.studienscheiss.de/motivation-studium-gedanken/

- ✔ Studienerfolg beginnt im Kopf – 13 Denkmuster erfolgreicher Studenten:
  www.studienscheiss.de/studienerfolg-denkmuster-studenten/

- ✔ Wie du gelassener mit Stresssituationen im Studium umgehen kannst:
  www.studienscheiss.de/stresssituationen-studium/

- ✔ 10 Gedanken, die dein Selbstvertrauen im Studium stärken:
  www.studienscheiss.de/selbstvertrauen-studium-staerken/

- ✔ 7 Wege, wie sich überforderte Studenten selbst motivieren können:
  www.studienscheiss.de/ueberforderte-studenten-selbst-motivieren/

- ✔ Aufgeben verboten: 7 Gründe, warum du jetzt nicht aufgeben darfst und unbedingt weitermachen solltest:
  www.studienscheiss.de/aufgeben-verboten-weitermachen/

☑ Checkliste

☐ Rolle als Cheerleader angenommen

☐ Mentale Bilder eingesetzt

☐ Vertrag mit dir selbst abgeschlossen

☐ Bisherige Erfolge in Erinnerung gerufen

☐ Kraft der Gedanken wahrgenommen

☐ Selbstgespräch geführt

☐ Fünf-Minuten-Regel ausprobiert

☐ Anreizsystem festgelegt

☐ Worst-Case- und Best-Case-Szenario aufgestellt

☐ Glaube an dich selbst gefestigt

✏️ Notizen

Entwicklung

#111 Investiere in dich selbst!

Kurze Geschichte: Ein Spaziergänger geht durch den Wald und sieht einen Holzfäller, der einen riesigen Haufen Holz hackt. Doch der Holzfäller kommt nur sehr schleppend voran. Er müht sich ab, weil seine Axt stumpf ist und braucht wahnsinnig lange für jedes Holzstück. Der Spaziergänger fragt den Mann, warum er denn nicht zuerst die Axt schärfe. Der Holzfäller deutet auf den Holzstapel, der noch vor ihm liegt und antwortet: „Dafür habe ich keine Zeit – es ist zu viel zu tun." Diese bekannte Metapher macht deutlich: Wenn du mit einer knappen Ressource umgehen musst, lohnt es sich, deren Gebrauch zu optimieren. Dabei spielt es keine Rolle, ob es sich um Zeit, Geld oder wertvolle Gewohnheiten handelt. Wenn du im Studium (und im Leben) weiterkommen willst, musst du in dich selbst investieren und deine Fähigkeiten verbessern. Wenn du nicht dazu bereit bist, kommst du nicht vom Fleck und wirst niemals dein Potenzial ausschöpfen.

Was macht also ein guter Holzfäller, wenn er zehn Stunden Zeit zum Holzhacken hat? Er schärft neun Stunden lang seine Axt. Und im übertragenen Sinn: Wenn du erfolgreich studieren möchtest, solltest du an deiner Technik arbeiten. Wenn du bessere Noten haben möchtest, solltest du zuerst an deinen Lernmethoden feilen, bevor du dich in die Bibliothek setzt. Wenn du zu wenig Zeit hast und dich gestresst fühlst, solltest du einen Teil deiner Zeit dazu einsetzen, effizienter mit selbiger umzugehen. Hör auf damit, reine Symptombekämpfung zu betreiben, sondern packe deine Probleme an der Wurzel. Investiere regelmäßig in deine persönliche Weiterentwicklung – eine bessere Anlage findest du nicht.

☆ To-do

- ✔ Investiere einen Teil deiner Zeit und Energie in deine persönliche Weiterentwicklung – fang heute damit an!

#112 Werde und bleibe aktiv!

Besonders zum Semester- und Studienbeginn nehmen sich die meisten Studenten mega viel vor. Doch leider halten sie nur zwei Wochen lang durch und fallen anschließend reihenweise um. Woran liegt das? Die meisten Menschen glauben, dass sich ein Problem schon von alleine löst, wenn man nur stark genug dran glaubt. Kleiner Hinweis aus der Praxis: Daraus wird nichts. Und dabei spielt es keine Rolle, wie sehr du dich geistig anstrengst – das allein wird dir nicht viel bringen, denn ohne die nötige (und vor allem anhaltende) Aktion wird sich nichts, aber auch gar nichts verändern. Nenne deine Schwierigkeiten beim Namen, konzentriere dich auf die Lösung und packe direkt an. Zögere nicht zu lange, sondern werde aktiv.

Generell kannst du auf zwei Arten studieren: Entweder lässt du dir vorschreiben, was du zu tun hast und erlaubst äußeren Einflüssen, deinen Weg zu bestimmen oder du nimmst dein Studium selbst in die Hand und wirst zum Macher. Der Vorteil eines selbstbestimmten Studiums: Freiheit. Der Nachteil: Arbeit. Doch der Aufwand wird sich lohnen. Nur wenn du proaktiv handelst, wirst du ein erfolgreiches und zufriedenes Studentenleben führen. Es ist nicht schlimm, wenn du dabei Fehler machst – Hauptsache, du lernst aus deinen Erfahrungen. Nur so kannst du kontinuierlich wachsen und eine starke Persönlichkeit entwickeln. Und genau das macht dich langfristig zu einem glücklichen und zufriedenen Menschen.

Hol dir hier die Bonus-Inhalte und dein Geschenk ab:

www.studienscheiss.de/ersti-hilfe-geschenk

Lesetipp: Bachelor of Time

Mehr Zeit, weniger Stress – bessere Noten!

Lies die ersten 34 Seiten kostenlos:

www.studienscheiss.de/buecher

Lesetipp: DOEDL-Methode

Nimm dein Studium selbst in die Hand!

Lies die ersten 42 Seiten kostenlos:

www.studienscheiss.de/buecher

Lesetipp: Arschtritt-Buch

Nie wieder Motivationsprobleme beim Studieren!

Lies die ersten 37 Seiten kostenlos:

www.studienscheiss.de/buecher

Lesetipp: 50 Dinge, die du für dein Studium tun kannst, auch wenn du keine Zeit hast

Erfolgreicher studieren mit Mini-Aktionen!

Lies die ersten 30 Seiten kostenlos:

www.studienscheiss.de/buecher

www.studienscheiss.de

Ende

Infos zum Buch

Die Ersti-Hilfe ist kein ödes Fachbuch, vollgestopft mit unverständlicher Theorie – sie ist eine Sammlung praktischer Methoden und Konzepte, die deine Grundlage für einen erfolgreichen und stressfreien Studienbeginn bilden. Vor dir liegen 112 praxiserprobte Maßnahmen, mit denen du dein Studium strategisch planen und von Anfang an auf die richtige Bahn lenken kannst.

Aber das ist noch nicht alles: Dieses Buch wurde von unserem kleinen Studienscheiss-Verlag fair und hochwertig produziert. Wir arbeiten mit regionalen Designern und Lektoren zusammen und lassen unsere Bücher komplett in Deutschland herstellen. Alle an der Produktionskette beteiligten Partner werden von uns fair behandelt – und fair bezahlt.

Allesamt kleine und mittelständische Unternehmen, die mit Herzblut bei der Sache sind und mit denen wir ein gemeinsames Ziel verfolgen: hochwertige Produkte zu erzeugen, die unsere Leser glücklich machen.

Unsere Bücher entstehen unter nachhaltigen Produktionsbedingungen, schonen die Umwelt und fördern die regionale Wirtschaft. Und genau das unterstützt du, wenn du dir dieses Buch zugelegt hast.

High five dafür!

Über den Autor

Tim Reichel, Jahrgang 1988, studierte nach dem Abitur Wirtschaftsingenieurwesen an der RWTH Aachen. Nach dem Studium ist er zur Promotion an der Uni geblieben und forscht zu den Themen Nachhaltigkeit und Ressourceneffizienz.

Seit sechs Jahren arbeitet er als Fachstudienberater und Koordinator eines Prüfungsausschusses. Dabei coacht er Studenten, berät bei Schwierigkeiten im Studium, schreibt Prüfungsordnungen und begleitet Akkreditierungsverfahren (Letzteres ist sehr, sehr langweilig).

Im Juni 2014 gründete er die Plattform studienscheiss.de. Mit dieser Website hilft er deutschlandweit tausenden Studenten dabei, glücklich und erfolgreich zu studieren. In seinem Blog veröffentlicht er regelmäßig Artikel zu allen möglichen Themen rund ums Studentenleben und gibt Tipps, wie man den stressigen Unialltag in den Griff bekommen kann.

Das ist Tim

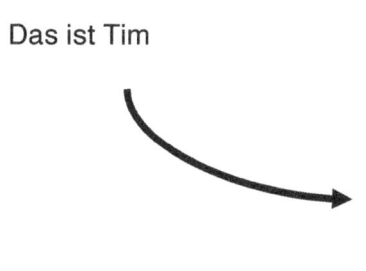

Dankeschön

Ich danke allen Lesern meines Studienscheiss-Blogs. Ohne euch und eure riesige Unterstützung gäbe es meinen Blog und dieses Buch nicht.

Ihr seid die beste Community, die es im deutschsprachigen Raum gibt und ich liebe es, für euch zu schreiben. Danke, dass ihr mich motiviert, kritisiert und immer wieder hinter mir steht. Danke, dass ihr da seid.

Alleine hätte ich dieses Buch niemals schreiben können. Deswegen danke ich ganz besonders den Menschen, die mir dabei geholfen haben: Kristina, Marie, Melanie, Priya und Sajoscha.

Vielen Dank, dass ihr mich ertragen und in jeder schwierigen Situation unterstützt habt. Auch dann, wenn ich nervig und zickig war oder mich einfach blöd angestellt habe.

Eure Verlässlichkeit, eure Geduld und euer Einsatz sind unglaublich und alles andere als selbstverständlich. Ich weiß das wirklich zu schätzen – und danke euch allen von Herzen.

Viel Erfolg!

Hol dir hier die Bonus-Inhalte und dein Geschenk ab:

www.studienscheiss.de/ersti-hilfe-geschenk